ISBN: 9798571026543
Selo editorial: Publicação Independente

Desenho da capa por: Kindle Create
Número de controle na Biblioteca Nacional: 2018675309
Impresso nos EUA

*Dedico, com amor, esse livro aos meus pais, que tanto me
ensinaram, e às minhas filhas, que tanto me fizeram aprender.*

O maior grilhão do homem é acreditar que nunca esteve agrilhoado.

ARTHUR SCHOPENHAUER (1788-1860)

CONTENTS

Algemas da Depressão

Uma análise psicológica, integrativa e humana sobre o transtorno depressivo

Livro concebido, gestado e nascido em plena pandemia de 2020, totalmente em home office, através do precioso recurso Kindle Create, mas que deixou a desejar em detalhes, que espero não interfiram na sua leitura e compreensão (separação errada de sílabas nas quebras de linha e não possibilidade de tradução dos elementos pré-textuais dedication/dedicatória e contents/sumário).

lgemas da Depressão nos conta que: "O pior mal é aquele que foi naturalizado e tornado invisível ao longo de anos. Algumas pessoas são infelizes sem saber a causa, vivem uma angústia difusa, não possuem sonhos ou desejos e chegam a achar que a vida não vale a pena. Falar em depressão é também falar em liberdade, ou da falta dela. O depressivo suicida é, em última instância, aquele que não vê possibilidades. Trata-se do oprimido, consciente ou inconsciente da sua opressão, cujas escolhas foram afuniladas. Quando se pode identificar o opressor, é possível lutar contra ele mas na maioria dos casos as repressões são internalizadas e naturalizadas desde a infância, o que torna o caminho de volta difícil. Daí o velho clichê do paciente que começa a fazer terapia e se volta contra os pais. Tratar a depressão é tratar o que nos limita, é abrir caminho para a liberdade de ser, é finalmente enxergar nossas incoerências e apegos em relação a um ideal de vida construído por outrem."

Verônica Pinheiro é formada em Psicologia pela PUC-RJ, em Engenharia Civil pela UFBA, tem mestrado pela Universidad de Alcalá (Madri-Espanha). Foi paraquedista e bi-recordista sul-americana pela CBPQ, escalou entre muitos picos o Dedo de Deus-RJ. Tem formação em Psicoterapia Reichiana. É yogui, meditadora, vegetariana, mãe (de gêmeas univitelinas), hipnoterapeuta, coach e psicoterapeuta. Natural de Salvador, mudou-se em 2011 para o Rio de Janeiro. Verônica vivenciou entre os anos de 2000 e 2010 uma depressão grave que obrigou-a a buscar mudanças significativas em sua vida. Ela sintetizou nesse livro seu conhecimento e suas experiências como paciente e terapeuta, indicando sua leitura não só a portadores do transtorno depressivo, mas também e sobretudo, a pais interessados na profilaxia desse mal em seus filhos. Estudantes de psicologia podem ser beneficiados com o enfoque multidisciplinar dado ao tema da depressão.

PREFACIANDO

"**O** que estou fazendo aqui? Qual o sentido da vida? Deus existe? Porque algumas crianças nascem com perna e outras sem? Porque há tanta riqueza e pobreza no mundo? Sou adotiva? Porque ninguém na família tem minhas inquietações? Sou deste planeta? Quando volto pra casa? Sinto meu coração apertado na saudade de um tempo e espaço que não consigo lembrar. Sofro com a falta de pessoas que não conheci."

Esses eram pensamentos recorrentes ainda antes de eu completar 8 anos de idade. A angústia começou desde muito cedo, talvez não exatamente como angústia, mas como uma percepção incômoda da realidade, das pessoas e do mundo. Eu via incoerência e hipocrisia onde ninguém enxergava. Me sentia só, muito só e desencaixada. Não me forneciam respostas e ainda davam a entender que meus questionamentos não faziam sentido ou tinham qualquer importância. Havia o momento de desconversar, de encerrar a conversa ou de me fazer sentir burra, voltando a incoerência das suas vidas contra mim. Brigar comigo era como brigar com suas próprias resistências psíquicas, que os protegiam de tomar consciência dos seus pecadilhos diários. Havia uma cegueira coletiva auto-induzida, um piloto automático que os guiava para que não precisassem enxergar. E eu, estava por minha própria conta, enxergando tudo e sabendo onde íamos parar.

O tema da religião era um capítulo a parte. Desde o princípio, muito antes dos escândalos de pedofilia, não simpatizava com a Igreja. Era chamada de herege, me faziam sentir culpada. Para mim, o ouro das igrejas e a opulência do Vaticano não sintonizavam com o que era pregado. A caridade não combinava com a ostentação e com as pessoas que frequentavam a igreja que eu era obrigada a frequentar. Era tudo uma grande contradição para mim.

Me sentia incoerente, desregulada e implicante pela forma de perceber e pensar. Tive uma infância e uma adolescência infelizes, permeadas pela falta de diálogo, impaciência e pelo amor condicionado. Não era seguro ser quem eu era, expressar o que sentia ou falar o que pensava. Atravessei, diagnosticada e medicada, dos 24 aos 34 anos, uma depressão silenciosa e potencialmente perigosa. Não tinha esperança no mundo, foi quando mudei de ideia, ainda antes dos 35 anos. Dei um novo significado à vida; deixei o antigo trabalho e profissão, os antidepressivos, e finalmente fui me permitindo ser quem eu era. Antes disso, *fiz economia para ganhar autonomia*. Trabalhava insatisfeita onde não queria estar, mas planilhava mensalmente receitas e despesas, projetando a libertação. Nos últimos anos, isso foi essencial para eu poder me mover. Era a luz que precisava no fim do túnel. A consciência da finitude tornava a pena suportável.

Fui da Engenharia Civil e do Business à Psicologia. Voltei a estudar, retornei à universidade, mudei de cidade, fiz muitos cursos, dentro e fora do país, li uma enormidade de livros, mergulhei na Filosofia, usufrui intensamente a liberdade conquistada, me tornei destaque no paraquedismo internacional, passei por algumas escolas iniciáticas, fiz retiros de silêncio, tornei a yoga e a meditação partes da minha rotina, mudei a alimentação, busquei incansavelmente desenvolvimento psico-espiritual, visando saúde física e mental, sempre acreditando que as duas andavam de mãos dadas. Tentei ser para minhas filhas, a mãe e o pai que gostaria de ter tido, mesmo alimentando imensa gratidão pelos meus pais e reconhecendo que fizeram o que lhes foi possível.

Esse livro surgiu na intenção de compilar todo o conhecimento e experiência adquiridos nessa jornada, na vivência como paciente e como psicoterapeuta, sobre o tema da depressão e tudo o que lhe cerca. A Psicologia e a Psiquiatria tem evitado qualquer discurso direto que possa culpabilizar os pais no processo do adoecimento mental. Algo se ganha com isso, mas muito se perde na profilaxia da depressão e tantos outros males da alma. Essa publicação é dirigida ao público leigo e tem o objetivo de tornar-se, além de um guia de auto-ajuda, um manual para mães e pais.

Tanto se planeja a chegada de um bebê, tantos itens constam na lista do enxoval, tantos conhecimentos se busca sobre amamentação, curativo do coto umbilical, banho, produtos para o bebê, troca de fraldas, alimentação no desmame, dentre outros. Fica no entanto uma imensa lacuna a preencher quando não se investe na *construção da história mental da criança*. Muitos pais não o fazem por falta de conhecimento, outros por que não tem para dar o amor que não receberam, outros ainda, porque não conseguiram priorizar a criação dos filhos, delegando essa tarefa a pessoas desabilitadas. A primeira iniciativa no planejamento da gestação de uma vida deve ser o balanceamento psíquico dos pais, percorrendo alguns dos passos narrados neste livro.

Infelizmente isso não acontece, sendo extremamente comum na clínica psicoterapêutica a identificação da doença do paciente como o sintoma de um sistema familiar doente. Pais doentes criam filhos doentes. Essa é a verdade nua e crua. Há outros fatores fora de casa que também podem interferir, como um ambiente social inóspito na escola, bullying e até abuso sexual. A maioria deles pode ser, no entanto, evitada ou ter seus efeitos amenizados perante pais bem preparados e atenciosos, dentro de um ambiente familiar verdadeiramente amoroso.

ANTES E DEPOIS
DA TRISTEZA

A tristeza não é natural, fisiológica, adaptativa ou tem qualquer utilidade. Os animais não sentem tristeza e antes do Homem civilizar-se, reprimindo-se para sobreviver socialmente, também não havia tristeza. Ela foi culturalmente incorporada a nós, enraizada em questões patologicamente normalizadas, como apego, luto, raiva contida, medo, privação de necessidades sexuais, da liberdade de ir e vir e outras relacionadas a choques culturais e ideológicos.

A tristeza pode se resolver com o tempo, evoluir para uma depressão ou ser desviada para um comportamento compulsivo, que surge como forma de distrair ou consolar o ego pelas frustrações frequentes. Por não ter controle sobre o que gostaria de ter, a pessoa assume controle (ou descontrole) neurótico sobre outras coisas. Os alvos podem ser o corpo - através de duras dietas que muitas vezes transformam-se em transtornos alimentares, sobrecarga nas atividades físicas, cirurgias plásticas e procedimentos de estética -, o álcool e outras drogas, os riscos de contaminação e acidentes, etc. O compulsivo pode adquirir hábitos como o de lavar as mãos insistentemente, checar várias vezes se a porta foi trancada ou se o gás foi desligado, organizar e limpar meticulosamente, de forma a deixar atividades importantes de lado ou prejudicar o convívio sócio-familiar.

Pode ainda tornar-se consumista, viciar-se em trabalho, jogo, sexo, competições esportivas (a ponto de lesionar-se frequentemente ou recair em doping), comportamentos de risco, etc. Pensamentos repetitivos e ruminações mentais improdutivas podem surgir como uma variação do traço obsessivo-compulsivo e igualmente prejudicar a funcionalidade do indivíduo. O que excede, o que é demais, o que saí do controle ou torna-se alvo de incansável controle deve sinalizar uma tristeza encoberta e portanto necessita de análise apurada e reflexão profunda.

CASTRAÇÃO NEUROQUÍMICA

Os neurônios são as chamadas células nevosas, especializadas em processar informações, responsáveis pela propagação do impulso nervoso (ou elétrico) através das sinapses, que por sua vez acontecem nas zonas ativas de contato entre uma terminação nervosa e outros neurônios, células musculares ou células glandulares. Desta forma, os neurônios fazem a comunicação entre o sistema nervoso e o restante do corpo, conduzindo respostas aos estímulos recebidos. Aqui se inclui a resposta de satisfação ao estímulo prazeroso.

Para passarem de um neurônio a outro, os impulsos nervosos devem atravessar a fenda sináptica; espaço existente entre os neurônios. Para que isso aconteça, o neurônio pré-sináptico, através dos impulsos que chegam a sua terminação, liberam substâncias químicas que estimulam ou inibem o neurônio pós-sináptico. Essas substâncias são os neurotransmissores. A disfunção na quantidade dos neurotransmissores, tanto produzida como utilizada, está intimamente ligada à depressão. Os principais neurotransmissores envolvidos nesse transtorno são a serotonina e a noradrenalina.

A serotonina, quando liberada na fenda sináptica pelo neurônio pré-sináptico, pode juntar-se ao receptor do neurônio pós-sináptico ou ser recolhida de volta ao neurônio pré-sináptico, decomposta e utilizada novamente. Esse processo é chamado de recaptação. Um equilíbrio deve ser alcançado nessa recaptação para que haja serotonina livre suficiente nas fendas sinápticas e seja mantida a comunicação. Os antidepressivos mais conhecidos agem como inibidores da recaptação seletiva da serotonina. Bloqueiam a recaptação da mesma e assim aumentam artificialmente o nível de serotonina na fenda.

Mas porque se faz necessário o antidepressivo? O que vem antes? Porque a recaptação de serotonina aumenta a ponto de causar depressão? O que faz a recaptação aumentar deixando menos serotonina disponível nas fendas?

A neuroquímica é adaptativa, ou seja, tem a função de manter nosso equilíbrio psíquico, priorizando nossas demandas mais importantes. Diferente de outros animais, o humano nasce extremamente dependente, não só fisicamente, mas também afetivamente. No que toca ao afeto, como o amor não é incondicional na maioria das famílias, para que ele seja transmitido para a criança, ela precisará agradar os pais ou cuidadores fazendo concessões. Precisará corresponder às expectativas deles para se sentir amada, ou até mesmo, para não ser abandonada ou punida. Através desse processo a nossa neuroquímica começa a ser alterada. Quanto mais condicionado ou escasso for o amor, mais esforço faremos para agradar, deixando de lado a satisfação própria e os neurotransmissores correspondentes a essa satisfação. Por se tratar de uma fase de extrema dependência material e afetiva, nosso sistema de sobrevivência na infância interpreta que devemos agradar as pessoas das quais dependemos. Através dessa dependência e da falta de liberdade para satisfação das próprias vontades, ocorre então o que chamo de *castração neuroquímica*.

Quanto mais castrados das nossas satisfações em nome da aceitação parental, mais alterada será essa neuroquímica na infância, assim, maior será a *castração neuroquímica* e maiores serão as chances de surgimento da depressão. Quanto menos satisfação e mais esforço para corresponder a expectativas alheias, menos neurotransmissores do prazer. Eles nos recompensam pela satisfação das nossas vontades, mas na infância, fariam a perigosa tarefa de trabalhar contra necessidades primordiais; as de ser aceito, amado e alimentado. Quanto mais condicionado ou escasso for o amor dos pais, maiores serão as chances de depressão na criança ao longo de sua vida. Quanto menor a liberdade de *ser*, maior a inclinação ao *fazer*. Uma matriz de automação é criada no psiquismo, e paulatinamente deixa-se de ter anseios próprios, sonhos, vontades, e desejos. Vive-se e trabalha-se como uma máquina, para a satisfação de quem quer agradar. Comumente essas pessoas unem-se a outras que, ao exemplo dos pais, não as aceitam como são, e demandam delas que sigam se esforçando para agradar, para serem amadas. Esse ciclo perpetua a castração neuroquímica na adultidade, assim como o transtorno depressivo.

Quimicamente e em primeira instância, a depressão é causada, por um defeito nos neurotransmissores responsáveis pela produção de hormônios como a serotonina, que proporcionam a sensação de conforto, prazer e bem estar. Historicamente, a Medicina Psiquiátrica ocidental se ateve a compensar esse defeito com drogas, sem se debruçar no que acontece antes, sem analisar a causa primeira. Infelizmente, talvez por questões fármaco-comerciais, ela não deu as mãos à Psicologia ou à Medicina Oriental, que muito nos expandem o campo de visão. Diminuir artificialmente a recaptação de serotonina, mesmo que por um longo período de "tratamento", não retorna a nossa neuroquímica à condição pré-castração.

O tratamento definitivo do deprimido passa pela atualização ou resolução daquilo que o prejudicou no passado; as dependências afetiva e material. Elas foram a causa da castração progressiva das vontades e da consequente castração neuroquímica.

LIBERTAÇÃO AFETIVA

A libertação afetiva demanda um desmame gradual das figuras de dependência, dos pais ou de quem quer que os tenha substituído ao longo da vida adulta. Geralmente projetamos nas nossas companhias adultas as necessidades de afeto não supridas pelos nossos pais no passado. Como o amor condicionado, recebido pela maioria de nós, na verdade não é amor, mas apenas uma troca, trocas serão as bases das nossas relações, umas mais conscientes, outras menos. A psicoterapia ajuda a pessoa para que não entre em ciclos de repetição e estabeleça padrões de fixação afetiva, aliando-se sempre a "substitutos" dos pais. Dessa forma, conquista-se autonomia afetiva e os relacionamentos deixam de acontecer por carência, por dependência emocional.

Não deveríamos nos tornar alguém, nem interna (intelecto e personalidade) nem externamente (aprência), apenas pela vontade de outra pessoa. A libertação total da aprovação alheia no entanto é quase impossível, por isso não vemos ninguém andar de pijama na rua, mesmo sendo essa roupa a mais confortável. Em países mais desenvolvidos, nas grandes cidades, percebemos sim, diante de uma coletividade tão diversa, um maior respeito à individualidade, e o pijama passará sem maiores reprovações. Os deficientes ou pessoas especiais não serão, tão intensamente, objeto de olhares indiscretos e curiosos. Isso permite inclusive que pessoas com anomalias visíveis graves, circulem sem despertar tantos olhares.

O latino, sobretudo o latino-americano, é mais dependente afetivamente de um modo geral. As famílias são mais emaranhadas, com pouco respeito à individualidade. Nos EUA por outro lado, há a cultura dos filhos saírem de casa para estudar na universidade e cidade da sua escolha e não mais retornarem à casa dos pais. O fator econômico de um país e o mercado de trabalho favorável ajudam o jovem a emancipar-se mais cedo, e isso termina sendo algo frequente e esperado. Em países de pouca mobilidade social como o Brasil, a dependência financeira em relação aos pais pode se estender até os 30 ou 40 anos. A dependência afetiva está frequentemente associada à financeira.

A agonia vivida pelas dependências afetiva e financeira pode transmutar-se em compulsão alimentar, alcoolismo ou dependência química em determinadas fases da vida, sobretudo nas mais solitárias. A depender das memórias afetivas e da forma como a família de origem se relaciona com a comida, a herança comportamental poderá facilitar um distúrbio alimentar. A solidão de um dependente afetivo será acobertada ou compensada com vícios, alguns deles culturalmente aceitos. Cabe definir aqui o contraponto da palavra solidão, que todos nós conhecemos bem. A solitude, palavra pouco usada no ocidente, ao contrário da solidão, se refere não à dor, mas à alegria de estar só.

A libertação afetiva passa por períodos de solitude, que podem ser usados produtivamente para planejamento existencial, meditação, concentração, introspecção, contemplação, contato com a natureza, desenvolvimento da espiritualidade, expressão artística, dentre outros, alcançando assim um estado de serenidade, saciedade e paz.

Contrariando as correntes imbecilizantes do hiperentretenimento e da hipersocialização, a recomendação aqui é descobrir os benefícios de se abrir um espaço vazio na agenda e passar um tempo sozinho. A liberdade é o maior bônus da solitude, pois sozinho não há restrições. As escolhas de uma pessoa livre podem ser julgadas, mas não são afetadas por outras pessoas. Outros benefícios da solitude são o autoconhecimento e a experimentação de mudanças no autoconceito, ou seja, a solitude ajuda a pessoa na descoberta da própria identidade, sem distrações externas.

LIBERTAÇÃO FINANCEIRA

Para dar conta da dependência financeira, primeiramente deve-se calcular a importância que a materialidade e os supérfluos tem sobre si. Rever prioridades pode tornar-se uma boa meta. É libertadora a aquisição de consciência sobre as necessidades criadas pela propaganda e pela mídia. Nosso sistema hipercapitalista tornou-se a raiz de muitos transtornos mentais ao inverter valores fundamentais por cifrões e matéria. A descartabilidade e o consumismo são prisões. Muitos perdem a saúde para juntar dinheiro e depois gastam o resto da vida e do dinheiro para recuperar a saúde.

"Algemas de ouro" podem prender num trabalho degradante ou num relacionamento tóxico a pessoa apegada ao estilo de vida financeiramente confortável. Frequentemente, a esse conforto se soma uma cadeira, posto, título, status ou reconhecimento social. Manter um emprego ou manter um casamento apenas por esses motivos custam caro à saúde psicológica e a médio e longo prazo atingem também a saúde física.

Abrir mão do conforto que beira o luxo, economizar e depois arriscar uma mudança planejada de profissão requer boa reflexão e uma ponderação que as vezes só é possível durante ou após um período de retiro. Esse retiro pode ser programado ou ocorrer contra a vontade da pessoa, como no caso de uma doença ou acidente grave, que a coloca uns dias no "estaleiro", de cama, com tempo suficiente para finalmente pensar nas escolhas que tem feito.

Numa circunstância como essa, se somos capazes de abandonar o velho e cômodo papel de vítima, as coisas ficam mais claras. Somente quando deixamos de culpar os outros; no momento em que assumimos responsabilidade por algo ruim em nossas vidas, percebemos o que podemos fazer de diferente para melhorar.

No estado de retiro conseguimos sobrepairar nossas vidas, ter bons insights, rever situações incômodas sempre empurradas para "debaixo do tapete" e visualizar o personagem que andamos forçosamente encenando apenas para nos encaixar. Amadurecendo esse último aspecto, nos libertamos de algumas máscaras desnecessárias, relacionamentos tóxicos e principalmente apegos materiais, grande parte deles sob a forma de "algemas de ouro".

A libertação financeira passa pela libertação das "algemas de ouro".

LIBERDADE NA COLETIVIDADE

O animal selvagem, uma vez em cativeiro, deprime e até pode morrer. No habitat natural e preservado, podendo satisfazer seus instintos, ele raramente adoecerá física ou mentalmente. No livro O Mal Estar na Civilização, Sigmund Freud (1856-1939) nos passa a brilhante ideia de como surgiram as neuroses. Quando analisamos e comparamos a incidência de doenças no reino animal, a espécie humana se destaca pela variedade e frequência de enfermidades. Por que? Fisicamente, o humano se intoxica sobretudo através do ar, da água e da alimentação. Mentalmente, se intoxica com todo tipo de emoção represada, que a médio e longo prazo também lhe adoece fisicamente, através de psicossomatizações.

O que Freud chamou de Civilização? A vida em sociedade, o estabelecimento de regras e leis para o convívio social. O que deveria ser uma organização mínima para que o direito de um indivíduo não invadisse o do outro, tornou-se um extenso rol de normas e padrões. Esses, por sua vez, limitaram a expressão do ser e, paradoxalmente, terminaram por adestrar a grande maioria dos humanos, fazendo-os involuir. Surgiram os ideais de vida, as profissões mais e menos valorizadas, os padrões de estética, a moda, as religiões, os dogmas, os moralismos, o status social.

Tudo isso culminou numa sociedade moldada, reprimida, hiperconsumista, com valores empobrecidos e controversos; extremamente doente. O ideal de vida passou a ser o urbano, ocupado e opulento. O estresse foi normotizado e até glamourizado. As pessoas passaram a criar "algemas de ouro", encarcerando-se em trabalhos ou profissões escolhidos e mantidos apenas para conservarem o status social, para conquistarem o almejado poder de compra e consumirem o que na verdade não precisam.

As necessidades de sobrevivência passaram a ser as necessidades de inclusão social.

LIBERTAÇÃO DO FETICHE NAZISTA

Durante a 2a guerra mundial brotou na Europa, e foi se espalhando no ambiente internacional, o que chamo de fetiche nazista. A tentativa de limpeza racial mal sucedida de Hitler deixou heranças comportamentais que perduram até hoje e se enraizam na crença da superioridade ariana. Os cabelos loiros tornaram-se símbolo de sensualidade e os olhos azuis foram glamourizados à exaustão pela indústria cinematográfica americana. A lavagem cerebral, iniciada pela propaganda nazista, alimentada posteriormente pela indústria da moda e pelos filmes, foi tão efetiva que promoveu a loirice ao patamar de melhor produto, rebaixando a morenice, a negritude e outros atributos étnicos a sub-produtos do submundo; o submundo latino, afro, árabe, asiático, indígena, aborígene, dentre outros. Passamos séculos sem uma boneca negra ou desenho animado protagonizado por personagem negro. Muitas gerações cresceram oprimidas por uma única referência de padrão estético; a do cabelo loiro e do olho azul!

Ainda antes desse padrão se instalar, a estética negra foi associada à escravidão e à inferioridade de um povo através da falaciosa visão etnocentrista européia. Esta, baseada na referência própria de evolução e desenvolvimento, julgou a outros povos como inferiores. Essa referência inclusive subjugou sociedades nativas americanas, muito à frente da sociedade européia, somente por não possuírem pólvora, mesmo gozando de saneamento básico, engenharia e astronomia mais avançados. Subjugou a sustentabilidade e os hábitos daqueles que hoje poderiam nos inspirar, na sua relação de respeito e conservação da natureza, sem a qual não haverá mais vida.

Grande parte de nós não tem consciência dos processos aqui mencionados, mas os manifestam, sem avaliar o politicamente correto, através da sexualidade adoecida pelo fetiche ariano. A doença passa a comandar o desejo e também a imagem que as pessoas querem ter para sentirem-se desejadas. A libertação afetiva envolve a cura desse fetiche em si e no outro. A iniciativa de cura individual promove a cura coletiva. Como dizia Mahatma Gandhi: seja a mudança que quer ver no mundo.

A tomada de consciência em relação aos próprios fetiches e preferências sexuais ilumina aspectos da nossa natureza autodiscriminatória e autodestrutiva. A fibra capilar crespa é destruída para artificialmente enquadra-la na estética nazista. Os cabelos femininos (e algumas vezes masculinos também) são alisados e clareados em massa, perseguindo-se um ideal de beleza insustentável. A conta chega em algum momento e paga-se um valor alto. O custo psicológico da não aceitação da própria etnia culmina em desastres como o do caso Michael Jackson; caricatura didática de uma sociedade pós-Hitleriana.

A vivência da sexualidade sadia de um povo deixa mulheres e homens livres para simplesmente serem, assumindo seus traços étnicos. A energia do sexo não é só a que preserva a espécie em todo o reino animal, mas a que move o mundo. O dinheiro é só um subproduto dessa energia, pois pode comprar o sexo comprando moda, tratamentos de beleza, cirurgias plásticas, personal trainers, grandes casas, carros fálicos, viagens mirabolantes (que rendem boas fotos nas mídias sociais) e tudo o que é valorizado na nossa cultura hipercapitalista. A cura da sexualidade é portanto a cura de base, a que racionaliza o uso da nossa energia mais poderosa; a energia sexual.

A libertação afetiva deve passar pela cura dos fetiches sexuais. Quando não deixamos o ideal de beleza do outro nos corromper, compreendendo esse ideal como doentio e entendendo historicamente a sua construção (que se inicia muito antes do nazismo), conseguimos a permissão para exibir nossas exuberâncias e particularidades étnicas. Nos apossamos do que realmente nos pertence, aprendemos a nos amar como somos e ganhamos assim, na mesma medida, tanto autoconfiança como autonomia afetiva.

LIBERTAÇÃO DA GORDOFOBIA

Anorexia, bulimia e vigorexia, similarmente à doença da depressão, estão associadas à castração neuroquímica causada pelo condicionamento do amor. Tem suas origens, portanto, no ambiente social (e/ou família), apresentando este, no entanto, uma particularidade: a aversão à obesidade. Num ambiente sem amor, sem liberdade e portanto sem controle sobre o que gostaria de ter, a pessoa passa a exercer controle obcecado sobre o próprio corpo.

Restrições ou reprovações sistemáticas por longos períodos são sentidas como um comando a se enquadrar. A sobrevivência social, fundamental na infância e adolescência, muitas vezes depende de grandes ajustes na própria imagem, e com o tempo, termina criando uma *distorção da autoimagem*. O humano social se enxerga a partir do olhar do outro, que se torna um espelho para si. Se o espelho distorce, nós distorcemos. Se a importância dada a uns quilos extras, são desproporcionais no julgamento e aceitação da pessoa como um todo, deixando de lado o restante e a totalidade que ela representa, é natural que aprenda a perseguir aprovação e aplausos através da manipulação obcecada do próprio peso ou condição física.

O problema é que terminamos por afastar aquilo que mais

ansiamos, apenas para ganhar aceitação. Uma grande e desmedida expectativa depositada pelo emagrecimento de uma determinada pessoa, frequentemente surte o efeito contrário, a faz engordar ainda mais, pela ansiedade e pressão que a remete. Um período de solitude ou isolamento pode proporcionar a libertação do olhar e expectativa alheios, fazendo aflorar motivações internas, se for o caso, para a perda de peso e outros cuidados com a saúde. Enquanto houver dependência afetiva, a motivação interna será fraca e prevalecerá a motivação externa; na maioria das vezes cruel, pois trata-se um amor condicionado, uma troca, uma barganha. Constatamos então que não só a cura da depressão, mas também a da gordofobia, passa pela libertação da dependência afetiva.

LIBERTANDO-SE DO MEDO

A coragem só é exaltada porque o medroso é subjulgado. Assim como a raiva, o medo é um sentimento socialmente proibitivo e isso faz com que coloquemos, inconscientemente, camadas de camuflagem por cima dos nossos muitos medos, para que eles não apareçam nem mesmo para nós, para que possamos suportar ser, para que não sejamos um fracasso ambulante, para que ainda haja esperança.

O amor incondicional é uma utopia. Vivenciamos na verdade o amor condicionado, e ainda assim, precisamos dele, como também de aceitação e aprovação. Onde há regras não há espaço para a liberdade total do ser, para a expressão livre dos sentimentos e vazão dos instintos. Sim, somos civilizados e isso tem um preço; a neurose, por mais que não a contabilizemos.

O custo de viver em sociedade é a repressão de boa parte da nossa naturalidade e espontaneidade. O medo, antes de mais nada, nos protege e é uma reação natural a um estímulo que já conhecemos e nos foi extremamente desagradável. O medo do desconhecido só existe por uma generalização, por uma aproximação ou por uma confusão da nossa parte.

O medo patológico ou a fobia é um desvirtuamento do medo natural, é um canal de expressão de outras questões neuróticas que está sendo usado por não encontrar nas vias originais permissão para fluir. Pode também ser uma forma insconsciente de angariar atenção, como acontece com as crianças. Pode ser o extravasamento de uma ansiedade exacerbada, por uma preocupação exagerada em relação ao futuro, normalmente ligada a outras questões que não dizem respeito ao objeto (admitido) do medo.

E porque acontece esse desvio? Geralmente porque a admissão do medo original vai de encontro com valores fundamentais ou com questões inadmissíveis, como por exemplo ter medo de quem amamos. A ansiedade e a fobia, assim como algumas das suas consequências ou variações (síndrome do pânico, hipocondria, crise de ansiedade) são as nossas formas de lidar com medos proibitivos e outras questões neuróticas, não esclarecidas, encobertas, camufladas ou desviadas. A consequência dessas camuflagens e desvios é que resolver o medo se torna uma tarefa complexa.

Vale muito a pena ressaltar que o mais complexo e humano dos nossos medos é a ansiedade, ou seja, o medo do futuro. Qualifico como humano porque foge à anatomia do medo animal, à instintualidade, e assim quero dizer que foge à concepção do medo primitivo, aquele que preserva a vida. O medo humano patológico e a ansiedade não preservam a vida, mas sim a sobrevivência social. Se a pessoa resolve suas dependências afetivas e necessidades de aprovação, ela se torna emocionalmente autosuficiente e consegue se dar conta do que realmente necessita para viver, tornando a vida mais simples.

PRECISAMOS DE AMOR OU LIBERDADE

Como se explicam os casos de pessoas que não tiveram tanto amor ou contato afetivo na infância e, ainda assim, não desenvolveram depressão?

O amor pode ser substituído, em parte, pela liberdade, como se a presença de um compensasse a ausência do outro. Lembrete importante sobre amor condicionado: são as condições para que o amor nos chegue, que usurpam nossa liberdade de ser quem somos. Se essa liberdade de ser, não usufruída dentro de casa, puder ser vivenciada fora do ambiente vigilante dos pais e cuidadores; com irmãos, primos, vizinhos, brincando na rua, desfrutando da natureza sozinho ou acompanhado, ou ainda através do contato com animais, nossa neuroquímica não é tão fortemente castrada. A liberdade fora de casa compensa a falta de liberdade dentro de casa.

Privado da liberdade silvestre, um animal doméstico e portanto humanizado, precisa de atenção e carinho para sobreviver. Assim o amor compensa a falta de liberdade fora da espécie humana também. Um cachorro pode deprimir sem o dono se ele não tem a liberdade das ruas. Por outro lado, um viralata livre sobrevive, e não necessariamente deprime sem afeto. Um meio-termo; um cão de fazenda, criado com muito espaço, no contato com a natureza e outros animais, não demanda tanta atenção quanto um cão de apartamento. O cãozinho de um pequeno apartamento quase sem janelas demandará uma enormidade de atenção e carinho para sobreviver. Na espécie humana não é diferente. A criança ou adolescente que pode desfrutar de alguma liberdade sem vigilância, demandará menos afeto. Por isso, pequenas transgressões podem ser saudáveis e até recomendáveis na adolescência, fase em que os pais já não dão tanta atenção aos filhos.

Vamos tentar visualizar agora a típica imagem da mulher mal amada; se não deprimida, certamente distímica, rabugenta, amarga e mal humorada. Essa certamente não é a imagem de uma mulher emancipada. Consegue imaginar porque? Porque a liberdade lhe daria vida! Proporcionaria a ela o poder da escolha; escolha de não estar com um marido frio e ausente, escolha de recomeçar, escolha de terminar o casamento e flertar com quem quisesse ou escolha de simplesmente estar sozinha. E se vamos ao outro lado da moeda, talvez seja difícil imaginar a imagem do homem mal amado. Isso acontece porque culturalmente o homem usufrui de maior liberdade.

Amor e Liberdade se compensam durante toda a vida, definindo uma matriz neuroquímica favorável ao prazer, conforto e satisfação. Tal compensação tem papel central na evitação de um quadro depressivo. Quanto mais liberdade se tem, menor a chance de haver dependência afetiva e depressão.

LIBERTAÇÃO DO MACHISMO

O machismo adoeceu não só mulheres, mas muitos homens, sobrecarregados com as responsabilidades de prover e de se mostrar animalescamente viris em todas as circunstâncias. O machismo ridicularizou o choro masculino até mesmo em crianças. Cobrou-lhes potência sem piedade, e força, mesmo quando sentiam-se fracos. Subtraiu- lhes a permissão de demonstrar sensibilidade e até de serem criativos. Condenou-lhes a entrar numa briga mesmo sabendo que iam perder. Incrustou imbecilidade à coragem. Determinou-lhes o uso da violência para manutenção da honra e o engrossamento da voz quando queriam apenas silenciar e chorar.

No caso da mulher, o machismo causou-lhe muitas agressões físicas e psicológicas, a fez acreditar por muitas gerações que era inferior e necessitava submeter-se. Causou-lhe vergonha publicamente por liberar-se sexualmente, condenou-lhe por expressar desejo, mesmo que entre quatro paredes. Reteve seu gozo, censurou seu orgasmo - expressão suprema da vida. Enterrou seus potenciais apenas para não se sobressair ao marido ou aos colegas. A fez baixar a cabeça quando na verdade reinava. Levou-lhe a assinar livros com pseudônimos masculinos e a serem cientistas líderes levando o mérito de assistentes.

Viver num mundo machista para a mulher, é como correr uma maratona com tornozeleiras de chumbo. O racismo na verdade produz o mesmo efeito. A pessoa é levada a mostrar trabalho em dobro para obter o mesmo reconhecimento e remuneração dos colegas, e no caso da mulher, ainda há a jornada laboral tripla, tendo que dar conta de filhos, casa e ainda manter a aparência física como é exigida a uma mulher. Libertar-se do machismo é a etapa que sucede a libertação financeira e a que antecede a libertação sexual, pois foi o machismo que majoritariamente reprimiu a sexualidade feminina. Muito prazer e hormônios da satisfação são liberados no exercício dessas liberdades, levando a neuroquímica feminina a se reestabelecer.

LIBERTAÇÃO SEXUAL

Assim como o animal castrado vive a meia força, o ser humano, sobretudo a mulher castrada, psicologicamente mutilada, reprimida na sua sexualidade, igualmente trabalhará a meia força e jamais descobrirá seu potencial máximo em nenhum setor da vida. A energia sexual é a força motriz que gera vida e promove a preservação das espécies. Ela nasce na base da nossa espinha dorsal e percorre os nossos 7 segmentos reichianos (ou chacras), chegando até o topo da cabeça, região que nos conecta às idéias mais avançadas, à nossa inteligência espiritual e à empatia universal. O sentido existencial e a espiritualidade, nossas capacidades mais humanas e refinadas, ficam bloqueados se não há a satisfação plena de uma necessidade "maslownianamente" básica como a do sexo. Por isso a tradição multimilenar do Tantra coloca foco na cura de toda repressão e perversão sexuais, para se atingir estados elevados de consciência e espiritualidade.

Condicionamentos sexuais seculares, muitas vezes sutis, bloqueiam a energia sexual impedindo-a de fluir pelo corpo e atingir os vórtices superiores que se relacionam com apego (umbigo), emotividade (coração), comunicação (laringe), intuição (testa), por exemplo.

Repressões sexuais disfuncionais levam a perversões de todo tipo, inclusive à pornografia, tão comum com o evento da internet. A repressão funcional é aquela sócio-adaptativa e também a que foca na evitação da gravidez indesejada e doenças, sem moralismos e religiosismos. Suprimir ou culpabilizar o desejo sexual deixa o indivíduo inclinado a compensar uma necessidade fisiológica e saudável com hábitos patogênicos. Uma vida sexual ativa e saudável afasta a depressão, tem efeito ansiolítico, alivia o estresse e promove intimidade entre os casais.

A pessoa gravemente deprimida tem sua libido afetada. Essa é uma consequência da castração neuroquímica, que dissipa não só desejos, mas vontades e sonhos. O hábito de agradar para ser aceito e amado, cunhado nas primeiras fases da vida, deixa um rastro comportamental, emocional e fisiológico. A baixa libido do deprimido é uma consequência fisiológica da castração neuroquímica, que pode afetar até mesmo os hormônios sexuais e a fertilidade do homem e da mulher.

LIBERTANDO-SE DAS VAIDADES

E quanto à vaidade, não se deve deixar cair numa das suas armadilhas. Ela tem o poder de escravizar o indivíduo e interferir diretamente no tema da depressão. A vaidade acontece sob várias formas e pode estar relacionada à aparência física, ao sucesso profissional, à situação financeira, ao intelecto e até mesmo ao amadurecimento espiritual. Prender-se a vaidades é prender-se às opiniões alheias, é segurar-se em situações incômodas ou estressantes somente para manter a aprovação dos demais. A libertação afetiva, da qual já falamos, nos coloca a uma distância segura das vaidades. Autossuficiência afetiva gera autoconfiança e amor próprio, que terminam exalando outros tipos de atrativos, mais sutis e refinados.

Uma pessoa que desfruta de certa autonomia e maturidade se beneficia com uma boa dose de equanimidade, não se deixando abalar por elogios ou críticas. Quando receber um elogio, ela buscará distinguir se o mesmo está endereçado a uma ação concreta sua ou vai pelo caminho da bajulação, exagerando e transcendendo uma qualidade ou feito seu. Sendo o segundo caso, sua inteligência emocional a fará ficar alerta. Esta forma de elogio é danosa pois nela existem intenções ocultas, e de alguma forma, se a pessoa se regozija sobre as palavras do bajulador, poderá ficar escrava de uma expectativa depositada nela, para que mantenha a qualidade que lhe foi atribuída. Isso se torna uma escravidão da vaidade.

Uma pessoa vaidosa se desestabiliza com críticas, e para não receber-las busca uma perfeição insana, sacrificando sua paz, sua saúde e até as companhias do seu convívio íntimo. A vaidade é portanto uma prisão e pode afetar todo o sistema familiar. Uma vaidade doentia pode ter sido fruto de humilhações do passado, de abandonos ou isolamentos severos, de traumas que o indivíduo as vezes não quer lembrar, ou não lembra de fato pois o inconsciente, para dar-lhe trégua, se apossou das memórias.

Esse tema pode ser costurado ao tema do amor incondicional porque é ele quem nos possibilita neutralizar qualquer humilhação ou insegurança durante a infância, fase onde estamos mais vulneráveis; mais dependentes afetivamente. É esse amor que nos liberta das vaidades doentias; ele é aceitação, ele é permissão.

LIBERDADE DE CRENÇA

A liberdade de crença deve ser respeitada mesmo e principalmente na infância. A fé em Deus ou em qualquer outra coisa não deve jamais ser imposta, muito menos colocada como condição para o respeito, o amor ou qualquer tipo de barganha afetiva. A fé imposta afasta a criança e o adulto da espiritualidade, que termina sendo entendida como religiosidade. Uma pessoa religiosa pode não ser espiritualizada. O desenvolvimento psico-espiritual não pode ser aprendido ou ensinado pois é uma busca extremamente pessoal e deve partir sempre da pessoa em questão. Assim como não funciona uma psicoterapia feita por obrigação, não há resultados espirituais na imposição de um dogma.

O desenvolvimento espiritual ocorre na continuidade de um bom trabalho de amadurecimento psicológico, que sempre envolve a conscientização sobre os próprios afetos, emoções, pensamentos, falas e comportamentos. Não existe acaso e o que verdadeiramente não comandamos conscientemente, comandamos inconscientemente, através de um núcleo que a terapia busca revelar. Afastamos ou atraímos relacionamentos, oportunidades de trabalho, acidentes, doenças e muitas outras coisas, por um comportamento ou característica nossa que precisamos conhecer.

A busca espiritual normalmente chega à medida que o autoconhecimento aumenta e o material inconsciente diminui; à medida que estamos mais despertos e atentos ao que pensamos, fazemos e sentimos. A espiritualidade nos conecta com algo maior, que transcende o psiquismo e nos leva a outro patamar que vai além da tão almejada felicidade. A equanimidade e a imperturbabilidade podem definir o estado de alguém que evoluiu espiritualmente, de alguém que já não sofre. Sabemos que isso é pra poucos, mas não é impossível.

A imposição de uma crença ou religião, ao contrário do que muitos pais podem pensar, não torna a criança mais dócil ou humana, mas pode sim, torna-la obediente a certas regras diante dos olhos dos pais. O problema é que na ausência de vigilância, essa criança ou adolescente pode tornar-se um problema. Pode ainda, ser vítima de um efeito-rebote, transformando-se num rebelde sem causa, numa pessoa revoltada contra as regras e as figuras de autoridade. O melhor caminho para uma criança tornar-se boa e honesta é o exemplo dos pais.

Libertar-se de uma crença imposta é uma etapa necessária para a exoneração de culpas e medos arraigados, para a transformação de motivações externas em internas e, finalmente, para o encontro com a própria vontade de conectar-se com um sentido maior na vida.

ALGEMAS E CHIBATAS

A libertação de tudo o que nos limita é portanto a chave da felicidade e a cura da depressão. É a única forma de reestabelecer nossa configuração neuroquímica original pré-castração. Ser livre não é apenas sentir-se livre, e sentir-se livre nem sempre é exercer plenamente a liberdade.

Existem *algemas* invisíveis que nos impedem de ser quem somos e *chibatas* invisíveis que estalam para que façamos o que não queremos fazer.

Esses conceitos, os de algemas e chibatas, são extremamente importantes para a compreensão etiológica do transtorno depressivo.

O primeiro passo para qualquer libertação é tornar-se consciente das algemas e chibatas que nos cercam. O segundo é diferenciar as algemas e chibatas que podemos nos livrar das que não. O terceiro é correr atrás do que é preciso fazer para nos livrar de todas as algemas e chibatas que pudermos. O planejamento de vida deve se sustentar no terceiro passo pois somente a partir dele há realização existencial, sem a qual não há felicidade. Pode-se complementar com um quarto passo, que seria a aceitação sobre o fato de não ser possível a libertação de algumas algemas ou chibatas físicas (não invisíveis), como por exemplo o cumprimento de pena por um crime cometido, o serviço comunitário ou detenção imposto por essa pena.

Com tudo isso, alguém irá perguntar: "devo passar por cima de tudo e todos para ser feliz?". Lógico que não. Só não permita que sigam passando por cima de você. Ninguém precisa passar por cima de ninguém numa atmosfera livre e democrática. Se através do diálogo não for possível exercer a liberdade, afaste-se das figuras-algemas e das figuras-chibatas, mude de cidade ou até de país se for preciso. Isso pode preservar a relação entre vocês, além da sua integridade. Somente fora do campo de visão dessas figuras você conseguirá, com serenidade, localizar a sua força-motriz; as suas motivações intrínsecas.

Antes você fazia esforço para chegar onde queriam que chegasse, e lhe custava muito, dava preguiça, desânimo, era difícil até sair da cama de manhã. Agora você seguirá fazendo esforço, mas será leve e você sentirá a compensação a cada instante por ele, porque está encaixado num plano maior, algo que faz sentido para você e acrescenta um propósito na sua vida. Somente dessa forma, realizada, a pessoa consegue dar amor genuíno e prestar assistência desinteressada. Todos saem ganhando. Esse é mais um argumento a favor da liberdade.

Algemas de ouro são os apegos materiais que nos impedem de exercer a liberdade e a realização. São por exemplo as maquiagens e roupas de luxo presenteadas pelo marido, e um vasto tempo livre na agenda, de uma mulher dona de casa, que não consegue voltar a estudar ou exercer sua antiga profissão que tanto lhe preenchia. Algema de ouro também pode ser o que o "filho-canguru" não quer abrir mão para dar os primeiros passos fora de casa com suas próprias pernas; contas pagas, casa, comida, roupa lavada e tempo livre sem muitas responsabilidades.

Chibata é o que nos põe pressão, pressa, expectativa, tensão, para fazer o que no fundo não queremos. A chibata termina por ser o canal de manifestação das motivações extrínsecas.

A MENORIDADE HUMANA

Immanuel Kant (1724-1804) define esclarecimento (Iluminismo) como a saída da Humanidade da sua menoridade. Segundo o filósofo prussiano, o próprio Homem seria responsável por esse processo. Ele define o estado primitivo da menoridade como aquele onde há incapacidade de se fazer uso, de forma autônoma, do próprio entendimento, ou seja, sem a tutela ou a doutrina de uma razão alheia. A permanência na menoridade se deve ao fato de não se ousar pensar. A covardia e a acomodação seriam as causas da permanência nesse estágio; na incapacidade de usar o discernimento para distinguir o certo do errado, na inabilidade para tomar decisões e fazer as próprias escolhas.

Em seu texto "O que é o Iluminismo?", Kant sintetiza seu otimismo iluminista em relação à possibilidade de o homem seguir por sua própria razão, sem deixar enganar pelas crenças, tradições e opiniões alheias. Nele, descreve o processo de iluminação como sendo o momento em que o ser humano, como uma criança que cresce e amadurece, se torna consciente da sua inteligência para fundamentar, sem apriorismos, sua própria maneira de agir. Kant afirma que é difícil livrar-se sozinho dessa menoridade, pois ela se tornou uma segunda natureza. Diz que aquele que tentar sozinho terá inúmeros impedimentos, pois seus tutores sempre tentarão impedir que experimente a liberdade. Para Kant, são poucos aqueles que conseguem pelo exercício do próprio espírito libertar-se da menoridade.

Ousadia, curiosidade e sede de independência são necessárias para a escolha de referências, autores e fontes de pesquisa capazes de inspirar e aprimorar debates internos, para assim se adquirir posição única e individual perante as ideologias sectárias do mundo, sem apenas repetir ou reproduzir. A não escolha de um único professor, mestre, guru, herói ou salvador, assim como a busca pela diversidade filosófica, liberta e dignifica a alma. Dessa forma se inicia o projeto de iluminismo pessoal; de libertação, rumo à maioridade intelectual

MITO DA RAZÃO PROVIDENCIAL

Lendo um livro sobre as cegueiras do conhecimento, do Edgar Morin (1921-), antropólogo, sociólogo e filósofo francês, me chamou atenção o termo "Mito da Razão Providencial", cujo paradoxismo, apesar de evidente, termina sendo a definição da Ciência Ocidental Moderna. Essa senhora, apesar de pertencer a família digna e honesta, foi empurrada convenientemente a casar-se com o senhor Capital, de nobre casta, mas corrompida pela ganância. Uma pessoa que deu seus primeiros passos rumo à maioridade humana, pode perceber no nosso sistema a indústria das necessidades produzidas, onde até diagnósticos são convenientemente criados (através da CID - Catálogo Internacional de Doenças), para se vender remédios. Me desculpem os colegas médicos, mas as raízes epistemológicas da sua pseudociência estão mergulhadas no lodo pestilento e fétido da indústria farmacêutica.

O excesso de diagnósticos culminou na hipermedicalização da sociedade ocidental, onde qualquer incômodo, físico ou psicológico, tornou-se doença. Não se deve generalizar nem deixar de abrir espaço para exceções, mas na maioria das suas práticas, quase sempre imediatistas, a Medicina tem mais nos prejudicado que nos salvado, induzindo as pessoas a um comportamento irresponsável com a própria saúde. Ela apaga o fogo em vez de evitar incêndios. E quando cito a Medicina, não me refiro aos médicos, mas ao que se tornaram as suas universidades, tomadas pelas cegueiras do conhecimento. Em algum lugar ouvi dizer que os estudantes de Medicina ingressam na universidade questionadores e saem cínicos. Pude entender.

A maioridade intelectual nos leva a questionar a verdadeira origem da doença; a causa antes da causa. Se faz necessário entender o que nos faz adoecer e investir no cuidado sob uma forma mais ampla. Deve-se ver o corpo como destino final onde estouram as tensões, onde a emoção mal digerida é vomitada. A falta de Saúde tem lastro não na falta de cuidados médicos corretivos (que chamamos Medicina), mas na profilaxia inexistente, no abandono de si pelo abandono da própria proéxis, pela rendição às pressões sociais normóticas, ao consumismo, à alienação pelo pão e circo, ao ciclo frenético trabalho-entretenimento.

Essa é a razão última do adoecimento, que tentamos curar através dos fármacos.

ANTIDEPRESSIVO

O antidepressivo é um adaptador aos entornos profissional, familiar, conjugal, social, político, ideológico e outros, para que você consiga ser o que esperam que seja, para que se comporte e se adeque, tanto às normas instituídas, quanto à moral, ética e até costumes fabricadas pelo grupo ao qual pertence. Te faz aceitar também o sofrimento causado por sintomas físicos cronicificados por um estilo de vida errático. Lubrifica ainda as vias da aceitação para lhe fazer descer uma ocupação ou um trabalho valorizado pela sociedade ou pela família, mas que não se alinham com sua vocação, valores e vontade. Ainda assim, apesar de tudo isso, jamais interrompa o tratamento sem mergulhar fundo num processo de autoconhecimento, porque não basta estas palavras fazerem sentido para você. Psicoterapia, meditação, algumas técnicas de regressão e a vivência da espiritualidade sem dogmas podem fazer parte deste projeto.

Quem busca a verdade e está disposto a enfrentar seu problema pela raiz prescindindo da medicação (que ajuda na crise mas também lhe embota a personalidade e obstrui a criatividade), mais cedo ou mais tarde, se libertará de um destino que não é seu, enxergará possibilidades antes invisíveis e criará coragem para as mudanças possíveis. Dessa forma, é grande a probabilidade de se libertar dos psicofármacos; não só antidepressivos, mas ansiolíticos, estabilizadores de humor e até alguns antipsicóticos, desde que gradualmente e sempre com acompanhamento psiquiátrico e psicoterapêutico.

Crenças limitantes se dissolvem à medida que se reconhece, rememora, acolhe e ressignifica vivências traumáticas, que podem ter sido pontuais ou sistematizadas por anos. Aqui se incluem práticas naturais à época e à cultura, mas nem por isso menos traumáticas. A identificação de algumas das nossas defesas psíquicas inconscientes geradas nesses períodos obscuros, que tanta energia nos subtrai e que se traduzem em padrões de comportamento, pode nos sinalizar que: Aquilo que foi funcional ou adaptativo na infância e adolescência pode ter se tornado absolutamente disfuncional e limitante na adultidade.

Como exemplo, podemos citar a história típica do imigrante, que pela força da guerra ou da escassez, abandona sua terra e laços familiares. Pela demanda do momento, para se proteger, ele se enrijece afetivamente, para que não lhe corroam as saudades do que ou de quem deixou para trás. Torna-se também hiperabilitado ao trabalho duro, que lhe funciona tanto para esquecer os afetos como para tirar-lhe da pobreza. O que acontece é que, décadas depois, aquele padrão de comportamento, adaptativo e funcional no contexto anterior, pode persistir no novo cenário sem guerras, separações ou risco de escassez, e tornar-se um problema, por mais que não seja reconhecido como tal. Esse imigrante comumente se enrijece numa afetividade fria e distante, assim como na supervalorização do trabalho e do dinheiro em detrimento de outros aspectos da vida. São pessoas que normalmente tem dificuldade em desfrutar do que conquistaram e em aprofundar vínculos afetivos. Assim como os veteranos de guerra carregam distúrbios pós-traumáticos, os imigrantes podem perder a capacidade de relaxar e desfrutar. Vivem uma certa ansiedade crônica. Não conseguem atualizar as novas condições às quais estão submetidos e muitas vezes perdem também a saúde física, desenvolvem hipertensão, diabetes e outros males.

O antidepressivo, no entanto, nem sempre se concretiza numa

opção para esses casos. Muitos deprimidos não diagnosticados automedicam-se com álcool, tabaco e outras substâncias. Naturalizam esse comportamento compensatório como "apenas um prazer da vida". Podem se exceder ou desregular também na comida, nas atividades físicas, no sexo, no jogo, nas compras ou no próprio trabalho. Identificar o excesso; o abuso, é ver o quanto isso prejudica outros setores da vida, ou mesmo, o quanto interfere negativamente nas pessoas que dele dependem.

Saúde, trabalho, família, finanças, tudo pode ser afetado, mas também podem haver compensações secundárias que provocam distorções no entendimento do transtorno da depressão. Por exemplo; alguém que mascare suas tristezas com workaholismo, mesmo no caso de ser um arrogante e possuidor de extrema inabilidade social, pode estar constantemente cercado de companhias e ter "sucesso", apenas pela sua condição financeira. Assim, ele pode ser visto como normal ou psiquicamente saudável. Raramente busca ajuda, mas não obstante, as pessoas que dele dependem são sobrecarregadas pelos seus sintomas, e essas sim, costumam parar nos consultórios de psicologia ou psiquiatria.

Outro exemplo: Um beberrão falastrão pode ser considerado uma ótima pessoa, uma boa companhia eventual e até alguém feliz, mas um olhar apurado perceberá depressão e timidez (autoconfiança débil) por trás da bebida, além do pavor ao silêncio por trás de tantas palavras. Excesso de fala denota excesso de defesas. A pessoa sente necessidade permanente em se justificar, em entreter, em ser legal, bom ou inteligente. Todos esses aspectos podem ser reconhecidos e portanto transformados através de autoconhecimento. Legal é adquirir consciência de modo que possa limpar a inconsciência, tornando-se consciente de quem se é e do que se quer.

A resistência às mudanças necessárias é vencida na positividade, quando se busca explorar potenciais pessoais e a plenitude da vida, ou na negatividade, quando se deixa a bola de neve crescer e dar vez a sintomas como ansiedade, depressão e seus múltiplos desdobramentos: isolamento social, pânico, fobias, vícios, compulsões, obsessões, psicossomatizações, insônia, etc. Infelizmente a motivação da maioria das pessoas que busca psicoterapia ainda é a insuportabilidade dos sintomas. Isso acontece por acomodação, desinformação e preconceito.

DROGAS E LIBERDADE

Drogas lícitas e ilícitas, recreativas ou prescritas, podem vir a substituir a falta de liberdade, mascarando a depressão e adiando mudanças necessárias na configuração de vida. Substâncias psicoativas, no entanto, não tem serventia para pessoas livres, aquelas verdadeiramente libertas das algemas e chibatas.

O álcool é largamente usado, principalmente na juventude, para induzir a sensação de liberdade, permitindo um afrouxamento provisório do superego castrador. Ele pode ser considerado um pseudodesrepressor sexual, atuando na diluição momentânea das inibições sexuais, e encorajando o ID, instância do prazer, a satisfazer suas demandas. Uma pessoa bem resolvida com sua sexualidade, a saber, alguém fora do padrão da sociedade, um estudioso e praticante do Tantra por exemplo, não precisará se entorpecer para vencer culpas inconscientes semeadas pelo moralismo, e atingir orgasmos extremamente satisfatórios.

Um passo importante para vencer a adicção vem a ser a tomada de consciência em relação às próprias repressões. Um mergulho no autoconhecimento desnudará os travões que limitam o gozo, a plenitude, a realização. A terapia é sempre um caminho que pode desvendar o que está por trás da depressão e da demanda constante por substâncias. A meditação bem praticada também ilumina essas questões.

LIBERDADE E DEPRESSÃO

Uma pessoa sob estrita privação de liberdade tende a deprimir ao longo dos anos, por isso o suicídio é frequente em prisões. Paredes, grades e algemas invisíveis fazem um papel semelhante no nosso psiquismo, pois nos impedem diariamente de ser quem somos, nos colocam num estado de tensão ou tristeza contínua, tornando esse estado uma segunda natureza. Quando acatamos essa natureza, quando aceitamos o incômodo como parte da vida, damos o primeiro passo para a depressão.

A necessidade de aprovação e sobrevivência social começa dentro da família e se estende depois para fora. O amor incondicional não existe. Buscamos o amor nos submetendo ao que o outro espera de nós. A submissão e a obediência estabelecidas na infância tornam-se um padrão de comportamento, passam a fazer parte da personalidade. Esse padrão muitas vezes reverencia referências do passado que já nem vivem ou distante estão. O processo nem sempre é consciente. Há um sentimento de culpa difuso, que nos impede de desfrutar, de satisfazer as nossas vontades, celebrando o gozo e a plenitude da vida.

A depressão grave ocorre quando tornaram-se tão internalizadas as repressões, que o desejo habita apenas no inconsciente. A pessoa não tem vontade de nada. Não há sonhos ou aspirações. E mesmo na ausência do opressor, ela não se permite. A depressão é portanto um cárcere invisível, e o detento desta prisão deprime da mesma forma que o detento comum. Ambos apresentam melhoras dos sintomas quando postos em liberdade. A diferença é que o detento comum consegue exercer a liberdade uma vez livre e o detento da prisão psicológica pode passar o resto da vida sem atualizar seus programas mentais, vivendo como preso, obedecendo aos mesmos esquemas de sempre, fazendo em si a pressão que costumavam fazer nele, aplicando-se as chicotadas que habituou-se a receber e mantendo nos punhos as algemas cujas chaves já possui.

Privado de sua liberdade, um animal doméstico precisa de atenção e carinho pra sobreviver. Assim, as duas coisas se compensam; amor e liberdade. Um cachorro pode deprimir sem o dono se ele não tem a liberdade das ruas. Um viralata livre sobrevive, e não necessariamente deprime, sem afeto. Quanto maior a rigidez e menor a liberdade, mais probabilidade terá a pessoa de sofrer depressão. Liberdade e amor; um ambiente sem moldes rígidos e cercado de carinho genuíno, pelo menos até os sete anos de idade, fará brotar irreverência, originalidade e espirituosidade.

Se tomarmos consciência que não existe amor sem liberdade, sem respeito à totalidade da criança, deixaremos de lado uma certa hipocrisia que nos faz repetir feito papagaios que amamos nossos filhos. Não é verdade, não os amamos. Amamos os planos que temos para eles, amamos a sua obediência, amamos o jeito como eles se adaptam às regras, amamos o fato de nos encherem de orgulho, correspondendo ao que esperamos deles. Para amar de verdade é preciso conhecer a essência, e se não há permissão para a espontaneidade, se não há espaço para a expressão livre do ser, não há amor.

Um olhar, apenas um olhar, pode comunicar reprovação, e tem um poder imenso, muito mais do que se imagina. Reações extremamente naturais a uma criança, como raiva ou desejo de se tocar, podem se voltar contra ela quando, nesse momento, se vê através do olhar dos pais. Por esse olhar-espelho elas se enxergam feias. Sem ser necessária uma palavra, condicionamentos rígidos dos pais são instantaneamente transferidos para a criança.

O não saber lidar ou o ar de desconcerto já transmite uma mensagem que aquele comportamento incomoda os pais. Em vez de uma conversa compatível à idade, muitos pais congelam e emudecem. O silêncio e o constrangimento transmitem, de mãe/pai para filho, pesadas algemas invisíveis. Essa atitude pode formar um caráter passivo, excessivamente obediente, prejudicial ao longo da vida. A pessoa desenvolve o "medo de desagradar".

PASSIVIDADE E DEPRESSÃO

Wilhelm Reich, propositor da psicoterapia reichiana postulou didaticamente seis tipos de caráter dentre os quais se encontra o caráter passivo-feminino, que apesar do nome, pode ocorrer em homens e mulheres. O passivo tende a concordar com tudo, a ser formal e demonstra excessiva polidez. É resignado e a depressão nele aparece quando se conecta mais intensamente com o medo paralisante da autoridade opressora. Normalmente evita contato com a raiva, que se transforma num ódio inconsciente. Ocorre então o que a Psicanálise chama de formação reativa; a pessoa transforma o impulso no oposto dele. No caso do passivo, o ódio é transformado em polidez ou doçura. Trata-se de um mecanismo de defesa no qual emoções e impulsos que produzem ansiedade por serem inaceitáveis, são dominados pelo exagero na tendência diretamente oposta. Por ser a raiva um sentimento proibitivo, sobretudo no lar de origem do passivo, ela não recebe permissão para se revelar, transmutando-se justamente no seu oposto.

A raiva do passivo pode ser a primeira camada de uma depressão. A tristeza não recebe condenação social como recebe a raiva, e um sentimento termina se mostrando como o outro. Todo o processo é inconsciente. A pessoa consegue falar da sua tristeza, mas não consegue falar do que está por trás desse sentimento; da sua raiva ou das mágoas que tem dos pais. Ela tem grande dificuldade em dizer não e termina aceitando situações que odeia sem reclamar. A mulher passiva se submete ao sexo sem vontade, mesmo que seja alguém que não lhe desperte qualquer atração, apenas pela sua dificuldade em se posicionar, em dizer não.

Os traços da passividade estão, com certa frequência, na origem dos traços da depressividade. Podemos ser passivos de várias formas. Podemos ser extremamente ativos, e até dominadores em algumas situações, e muito passivos em outras. Podemos ter voz e comando no ambiente profissional mas nos anularmos no relacionamento amoroso, ou o contrário. Podemos assumir um papel de liderança na família mas, socialmente, sermos um "maria vai com as outras", ou ainda um professor carrasco mas um cidadão que se submete sem nenhum ativismo político.

São nas situações e relacionamentos onde nos comportamos com resignação que reside um potencial de depressão.

AUTOMERECIMENTO X AUTOCORRUPÇÃO

São processos absolutamente inconscientes. Absurdos, de tão distantes da realidade pessoal aparente, do que podemos enxergar com os olhos da racionalidade. Como alguém pode trabalhar contra o que mais quer? Porque na profundidade da sua inconsciência essa pessoa acha que não merece; que não tem mérito para usufruir. Porque em algum momento da sua criação lhe foi implantado o ship da culpa na sua mente. E parece que todos nós portamos esse dispositivo. O gozo máximo da vida ainda é uma idéia indigesta para a maioria neste planeta.

Existe uma aura global masoquista de autopunição, autoflagelo e autopenitência que ainda nos domina, em pelo século XXI. Heranças culturais e religiosas, construídas para conter as massas criando uma egrégora de ordem e disciplina, ajudaram o Homem a civilizar-se, a enquadrar-se, a encaixar-se (entrar na caixa). Tal esquema opressor teve serventia enquanto o Homem urrava brutalidade e não havia qualquer empatia ou espírito de coletividade. Entramos em outra era e o esquema que foi funcional no passado tornou-se disfuncional no cenário planetário atual. Precisamos evoluir essa questão. Freud não deu conta. Quem dará?

A culpa é uma construção cultural e domestica as pessoas para além do limite da boa convivência. Uma análise antropológica ampla ente os povos mostrará quanta diversidade há nesse tema. Comportamentos condenáveis em uma determinada cultura-tempo não são em outras. Os animais não sentem culpa, a menos que sejam humanizados, domesticados ou próximos dos humanos. A culpa surgiu num mundo bruto onde ainda não havia empatia, surgiu para que não invadíssemos o direito do outro; não matássemos ou roubássemos, como fazem naturalmente os animais. A culpa teve seu lugar e nos ajudou a superar a animalidade. O problema é que o *instrumento civilizador da culpa* terminou por invadir setores da jurisdição pessoal que em nada prejudica os demais ou a coletividade.

As religiões se apossaram desse instrumento e passaram a manipular os fiéis; e os pais, passaram a manipular os filhos da mesma forma. O objetivo final desta manipulação deixou de ser o bem comum e passou a ser o interesse próprio em defender a própria visão de mundo e os próprios valores. Surgiu o moralismo e com ele a repressão moralista; berços do automerecimento débil e das autocorrupções inconscientes do dia a dia.

MORALISMO DEPRESSOR

O moralismo não é absoluto, estático ou universal. Ele muda conforma a época e a localização geográfica. Vem a ser um objeto de dominação e um instrumento de submissão. O Direito se diferencia da moral pela lógica e cientificidade. O campo do Direito é mais restrito que o campo da moral, que através do moralismo invade e entra em questões concretamente improdutivas. A moralidade está ligada à paixão e não à razão, se fundamenta na crença e não na ciência, é retrógrada e prende a humanidade ao instrumento civilizador da culpa. Ela está na origem do automerecimento débil, e portanto do autoflagelo, da autopunição e da autocorrupção inconscientes. Está na base da sombra junguiana; o incômodo pessoal pelo gozo alheio, a inveja inadmitida pelo contentamento do outro, o despeito que não cabe na consciência e precisa se abrigar na inconsciência.

Nem tudo o que é imoral, é ilegal. O Direito representa apenas uma parte da moral, necessária à organização da sociedade, fora disso, cada um precisa resolver seu constrangimento, seu incômodo, sua revolta, ou tornar-se um agente de mudança, politicamente ativo, para que venha a tornar a sua vontade e crença, lei. Caso contrário, vamos seguir ora intolerantes ora oprimidos; ora homofóbicos ora moralistas, ranzinzas, propagadores de ódio.

A espontaneidade constrange e ao mesmo tempo é a nossa cura. Onde está o problema? Na espontaneidade ou no constrangimento? O inclinação básica das ações humanas é tanto a obtenção do prazer quanto o impedimento da dor. Por isso somos e seremos sempre induzidos à liberdade; bem imaterial mais precioso. O limite da liberdade de um cidadão deve ser apenas a invasão do direito de outro, o que excede a isso é apenas combustível para neurose. Como já postulava Freud no *Mal Estar na Civilização*, a neurose, evento essencialmente humano, inexistente no resto do reino animal; nasce no processo civilizatório. O abrandamento das neuroses passa portanto pela contenção da civilidade à civilidade, deixando espaço para a individualidade.

A neurose do século vem a ser a depressão, mas ela tem a mesma raiz de tantos outros transtornos mentais e doenças somáticas que já estiveram no foco. Seremos uma sociedade mais saudável se vivermos em liberdade, se nos livrarmos das *algemas e chibatas* invisíveis, se formos mais tolerantes com o gozo alheio.

Não devemos impedir que o liberto desfrute, mas sim curar o ranzinza da sua incapacidade de desfrutar.

Se as pessoas gozassem como escovassem os dentes, não haveria pornografia nem perversão. Não haveria prostituição nem fetiches. Isso tudo é fruto de uma sexualidade desmoralizada, reprimida e doente. Como a moral tem a ver com a época, o que era imoral antes, hoje é aceitável e amanhã será até recomendável. Somos fantoches. O moralismo está na sombra das religiões mas, paradoxalmente, nada tem a ver com altruísmo. Os tabus estão extremamente ligados à moral e à decência, delimitam o que pode ser dito em uma sociedade.

Se a moralidade ou o moralismo se limitassem a contraindicar a feitura do mal a outrem, o mundo seria mais livre, leve e mais feliz. O que excede a isso, alimenta no campo individual, a rigidez de um superego castrador, incrementa as auto e hétero-repressões, além do tamanho do conteúdo inconsciente relacionado aos desejos mais naturais, instintuais e primitivos. Os costumes e as tradições, como a moral excessiva, limitam a expressão do ser, dispersam demasiada energia para a autovigilância sócio-adaptativa e terminam por desviar a existência do seu verdadeiro propósito.

AMOR CONDICIONADO

A felicidade é o maior anseio do ser humano e para conquista-la há que se encontrar a expressão natural e perdida do eu. Nessa busca nos deparamos com a verdade, nada que o entendimento meramente intelectual alcance. Quando se consegue aquietar a mente, vencendo o fluxo de incessantes pensamentos, o que resta é o que realmente importa; os desejos essenciais da vida e a vontade, livre de condicionamentos. E em algum momento, tona-se nítida a imagem, a cara do condicionamento. Podemos ver então o que e quem vem nos condicionando e adestrando ao longo da vida. Perplexos, somos capazes de reconhecer o nosso esforço de adaptação desde a infância até os dias atuais, as nossas máscaras, os personagens que atuamos a cada dia, em cada situação, sempre na intenção de ter aprovação ou, no mínimo, de se camuflar, de não chamar atenção, de não parecer excêntrico ou louco.

O amor incondicional, impossível e inexistente nos moldes planetários atuais, seria a panacéia psi, diante do já estabelecido processo de civilização da humanidade. Perante a falta de liberdade, demandada pela inserção social, resta o amor incondicional, lembrando que amor e liberdade sempre devem se compensar para a homeostase psíquica. O ideal longínquo do amor incondicional deve ao menos inspirar pais e educadores.

Pode-se criar grandes máquinas de fazer, verdadeiros gênios, com uma educação behaviorista e condicionante. Da mesma maneira, pode-se adestrar um chipanzé e fazê-lo escovar os dentes em cima de uma corda bamba empurrando um carrinho de compras. A pergunta é: tem equilíbrio emocional esse gênio adestrado? Ele poderá ser um excelente cumpridor de tarefas, mas dificilmente terá a inspiração e a ousadia de quem foi uma criança amada e livre.

LIBERDADE DE EXPRESSÃO

A luta pela liberdade de expressão parte do princípio que a verdade além de ser transitória não é única, e só virá à tona através do livre debate. Constatamos no entanto ao longo da história que essa liberdade além de não existir, jamais existiu, porque sempre haverá meios de se excluir socialmente, rotular, ridicularizar, oprimir e até punir a verdade que incomoda. Isso porque a verdade, historicamente, pertence ao poder, e o poder pode (tudo). Uma personalidade irreverente, uma idéia inovadora ou uma verdade relativa de ponta incomoda. As pessoas não querem sair das suas zonas de conforto. Aqueles que propuseram quebras de paradigma, em qualquer setor e em qualquer tempo, das artes às ciências, tiveram imensa dificuldade em se estabelecer. A maioria morreu sem reconhecimento, e muitos na pobreza.

A sociedade é retrógrada por natureza, perversa, e se uma pessoa pensa além do seu tempo ou muito fora da caixa, deve se associar a outras semelhantes, criando ambientes seguros de expressão. Daí também vem a idéia de que devemos "encontrar a nossa tribo". Em algum momento da maturidade se faz extremamente importante buscar essas zonas livres onde se possa desfrutar da liberdade de expressão.

Uma depressão pode tomar conta quando nos calamos e gradativamente nos isolamos. Na vida familiar isso acontece com frequência, principalmente na adolescência, quando os filhos começam a ter sua própria visão de mundo e questionar a dos pais. Na luta direcionada ao afeto, pelo medo de ser expulso de casa, ou ainda, por temer retaliações financeiras, o adolescente se cala. Se somado a isso, ele não tem acesso a um lugar seguro para falar o que pensa, seja em terapia ou entre amigos, quando o mundo social do jovem o desencoraja a ser quem ele é, ele se despersonaliza, se esvazia. Assim, a apatia pode entrar anunciando um cenário pré-depressão. O jovem perde suas cores e torna-se uma folha de papel em branco, para que nele escrevam os que lhe reprimem a expressão. Sem vontades ou sonhos, acaba sendo um bom campo para projeção dos sonhos e vontades alheios.

A criança espirituosa pode tornar-se um adolescente sem opinião diante da chantagem emocional dos pais, quando existe discordância de idéias. E o pior de tudo isso é que o processo é inconsciente, na maioria das vezes, para ambas as partes. Um pai ou mãe instruído pode tornar-se autovigilante em relação a esse aspecto e evitar a criação de um dos contextos que podem desencadear o transtorno depressivo. A liberdade de expressão, dentro de um acolhimento incondicional, é uma das maiores vacinas contra a tristeza crônica.

CULTURA DE SACRIFICIO E SOFRIMENTO

Vivemos na cultura cristã do sacrifício e do martírio. Trabalho é frequentemente associado a desprazer. As noites de sexta-feira são celebradas tanto quanto as tardes de domingo são odiadas. Recomeçar na segunda é um martírio para a grande maioria. Naturalizamos isso. "Deus ajuda quem cedo madruga" tornou-se a frase-mestra de adestramento da classe operária. O sacrifício é glorificado e o sofrimento se torna uma via de purificação. Chibatas culturais e religiosas nos dão no lombo sem que percebamos. Um trabalho "árduo" é um trabalho reconhecido, uma vida fácil é associada à prostituição. Está tudo errado!

Mulheres choradeiras são contratadas até hoje para se debulharem em lágrimas nos enterros de gente rica. O sofrimento de quem fica dignifica o morto. Pode uma coisa dessas? Muita gente ainda não entendeu que a Via Crucis foi um acidente, não foi um propósito. O missionário morre de dengue na floresta porque reverteu a verba do repelente na pintura da capela. O inconsciente coletivo do sofrimento comandará até que a humanidade saia da sua menoridade e desperte.

Sofremos com o que não deveríamos sofrer e não nos permitimos mostrar sofrimento quando isso nos tornaria mais humanos. A aceitação parece ter um significado desconhecido ao ocidental comum. Se as pessoas meditassem na pergunta "porque sofro?", elas entenderiam a importância de se cultivar a aceitação. Há coisas que são porque são e ninguém pode mudar. Existe um tipo de inteligência emocional, acessível a poucos, que permite o sujeito diferenciar o mutável do imutável. Ela é o primeiro passo para a serenidade, para acabar com boa parte do sofrimento.

O segundo passo é a aceitação. Essa qualidade transcende a inteligência emocional, ela se acomoda na inteligência espiritual e dá conta do imutável, apaziguando qualquer sofrimento. O mutável, por outro lado, não deve ser suportado mas mudado. O sofrimento é perpetuado quando a resistência a mudanças se instala, quando o medo do novo apavora. Sendo o sofrimento tão natural e até prescrito culturalmente, fica difícil à pessoa ordinária, sem ajuda psicoterapêutica, encontrar o caminho da satisfação plena.

O somatório de sofrimentos, incluindo o martírio da adaptação infantil de sofrer para agradar, estabelece o padrão neuroquímico do sofrimento, muda as respostas hormonais, transformando a fisiologia, e isso está muito além do que a Medicina Psiquiátrica ou a indústria farmacêutica possam ou estejam dispostas a alcançar.

LUTO PROLONGADO

O luto prolongado é uma consequência da dependência afetiva, assinala falta de autonomia emocional e portanto de liberdade. O luto de separação, seja por morte ou distanciamento, como acontece nos divórcios, é natural. Em condições sadias, é superado em algumas semanas ou meses. Quando se estende, revela um padrão de apego emocional. Frequentemente não sabemos diferenciar apego de amor. Um bom gerenciamento do apego pode inclusive evitar ciúmes e manipulação enquanto as pessoas estiverem juntas, sejam essas pessoas marido e mulher, pai e filho, parentes ou amigos.

O apego é um padrão melodramático romântico-ocidental, traz bloqueios e pode manifestar-se tanto no campo material quanto no emocional. O apego motiva ações quando se tem consciência dele, e promove automações quando não há consciência, quando há padrões inconscientes de repetição. Esses por sua vez, geralmente são transmitidos por um legado comportamental transgeracional. A tomada de consciência, e a consequente diferenciação de amor e apego, levarão famílias inteiras a outro patamar de relacionamento, evitará emaranhamentos, perda de individualidades e sofrimento psicológico.

A pessoa que não se recupera da morte ou separação de uma outra é alguém adoecido pela incompletude. Precisa se curar da sua dependência afetiva, até para não transferi-la para outra pessoa, da qual será igualmente dependente. O dependente normalmente se relaciona com outro dependente, com graus de dependência similares. Um dependente emocional se relaciona não só com outro dependente emocional. Com frequência ocorre de se relacionar com um dependente financeiro, um dependente intelectual, um dependente de alguém que se comunique por ele, um dependente de ajuda para se locomover, um dependente de alguém que dê conta de suas necessidades domésticas ou que lhe empreste humor e disposição nele escassos. Ambos os parceiros ficam seriamente desfalcados quando ocorre a separação. Eles não conseguem se sentir inteiros ou aptos para a vida.

A liga do relacionamento nesses casos não é o amor mas a falta. O luto de separação para essas pessoas se torna quase insuperável, principalmente nos relacionamentos longos.

LIBERTAÇÃO DO SUPEREGO CASTRADOR

Uma das ultimas libertações é a das repressões internalizadas, aquelas que já não tem motivos para acontecer mas simplesmente não nos permitem desfrutar. Acontece com o abrandamento do superego, a instância que nos diz internamente "quero mas não posso", ou as vezes até nos convence que não queremos. Quando nos libertamos de todas as formas de opressão mencionadas anteriormente, só nos resta uma pergunta: farei mal a alguém se me permitir isso? Sendo a resposta negativa, o novo liberto desfrutará sem culpas.

O moralismo quando age contra o próprio moralista configura uma das mais fortes repressões internalizadas. Trata-se do tipo de negação do prazer completamente injustificada, que não encontra argumento além do: "é errado fazer isso". A pessoa não se permite e não concebe que o outro o faça, julgando e condenando a si e aos outros, numa atitude masoquista e sádica respectivamente. O julgamento do certo ou errado é feito com base em construções culturais e religiosas a perder de vista. Está associado à idéia de pecado. O caminho para vencer esse inimigo passa pela libertação das convenções sociais inúteis. A libertação do Superego Castrador nos leva a um patamar elevado do desenvolvimento psico-espiritual.

Enquanto maltratar-se, maltratará os outros. Quando conseguir alimentar flexibilidade, gentileza e doçura consigo, só então, saberá derramar esses atributos nos que lhe cercam.

LIBERTANDO-SE DAS RELAÇÕES TÓXICAS

São várias as situações que provocam a alteração negativa de humor; situações onde nitidamente a pessoa entra bem e sai mal. Não existe acaso na Ciência dos humores; a observação atenta permitirá a identificação de padrões nessas situações de mudança de humor. Esses padrões normalmente estão relacionados à qualidade do contato entre pessoas, seja no ambiente de trabalho, familiar ou social.

Existe uma sutileza nas relações humanas que torna certos convívios ruins, mas ainda assim desejáveis, por serem socialmente esperados. Normalmente a parte que sai perdendo é a que se submete e se cala, por estar em minoria, por ter menos poder, idade, ou por lhe faltarem argumentos diante de uma comunicação agressivamente manipuladora.

Discordâncias ideológicas muito grandes podem inviabilizar certos convívios, como o pai militar e o filho militante, a mãe beata e a filha atéia, o irmão homofóbico e a irmã LGBT, amigos de extremos políticos opostos, machistas e emancipadas. Para esse tipo de convívio, a melhor solução é o distanciamento. Até que se encontre uma distância e frequência que fiquem boas para ambas as partes, haverá sofrimento, desrespeito e feridas. Qualquer tipo de apriorismo inviabiliza o diálogo, e sem ele não há paz entre pessoas que convivem.

Em casamentos onde os parceiros mudam muito, ou revelam ao longo do casamento um lado da personalidade extremamente incompatível ao outro, fica difícil não só manter a união, como o convívio eventual uma vez separados, mesmo que hajam filhos. Enquanto esses forem pequenos, será inevitável algum sacrifício na convivência dos pais, mas depois, chegada a idade do entendimento dos filhos, essa convivência se tornará um mau exemplo para eles, porque os ensinará a manter relações tóxicas.

Infelizmente os relacionamentos tóxicos ainda são o padrão da nossa sociedade doente. A falsidade, a hipocrisia e a repressão sistemática dos sentimentos são como uma bomba-relógio. São a porta de entrada para o stress crônico e inúmeras psicossomatizações, como o câncer, a hipertensão e a diabetes.

DFRSP: DISTANCIAMENTOS FAMILIARES E RECICLAGENS SOCIAIS PRODUTIVAS

A vida de uma pessoa desapegada ofende os que vivem presos a algemas de ouro, em ciclos de acúmulo, apego, ostentação e ganância. O algemado pode chegar ao absurdo de desejar que o desapegado entre na escassez e passe necessidade, para que a ele possa recorrer e dar razão. Está acostumado a essa qualidade de meio social, onde família e "amigos" que dele dependem, lhe alimentam constantemente o ego.

Em um outro aspecto da vida, a pessoa livre ofende aqueles encarcerados em seus tabus, preconceitos e limitações. Da mesma forma, a orientação sexual de um gay ofende o homofóbico, e a autonomia de uma mulher emancipada ofende a que depende do marido. O conceito de *sombra* cunhado por Carl Gustav Jung (1875-1961), ilumina bastante esse tema à medida que nos traz a idéia de um conteúdo tão desestabilizador que não pode ser assimilado pela consciência. O conteúdo da sombra exila-se então na inconsciência, para que se possa manter o equilíbrio mental, mas, ainda assim, esse conteúdo tem a característica de vazar eventualmente através de comportamentos inconscientes. Uma pessoa sensível e observadora, mesmo leiga na área psi, fará uma boa leitura desses comportamentos. Todos nós temos *sombras*, elas são nossa proteção psíquica. Por isso odiamos no outro aquilo que muito queremos mas não conseguimos admitir nem para nós mesmos, de tão insuportável que seria essa confissão.

Temos ainda, para explicar esses entraves, a idéia de superego de Freud. Segundo ele, o superego seria a nossa instância castradora, que se contrapõe ao ID, a instância do prazer e da satisfação. O superego é construído na infância através de referências morais e qualquer tipo de negação traumática, pontual ou sistematizada, do gozo, prazer ou satisfação. Internalizamos o "não" para muitas das nossas vontades, até que deixamos de reconhece-las como tais. Uma educação rígida é aquela que justamente nos desprograma; nos faz esquecer os desejos e vontades próprios. Eles são então empurrados para a inconsciência, mas não deixam de existir, por isso vazam eventualmente, como vaza o conteúdo da sombra, nos sonhos ou atos falhos, por exemplo. Portanto, atenção: O que muito ofende, causa implicância, antipatia ou ódio sem aparente explicação, normalmente tem raízes nas sombras.

O pior mal é aquele ao qual nos acostumamos e se torna invisível ao longo dos anos. Algumas pessoas são infelizes sem saber a causa, vivem uma angústia difusa, não possuem sonhos ou desejos e chegam a achar que a vida não vale a pena. Falar em depressão é também falar em liberdade ou da falta dela. O depressivo suicida é, em última instância, aquele que não vê possibilidades. Trata-se do oprimido, consciente ou inconsciente da sua opressão, cujas escolhas foram afuniladas. Quando se pode identificar o opressor, é possível lutar contra ele mas na maioria dos casos as repressões são internalizadas e naturalizadas desde a infância, o que torna o caminho de volta difícil. Daí o velho clichê do paciente que começa a fazer terapia e se volta contra os pais. Tratar a depressão é tratar do que nos limita, é abrir caminho para a liberdade de ser, é finalmente enxergar nossas incoerências e apegos em relação a um ideal de vida construído por outrem.

Presos a idealizações alheias sobre nossa personalidade, aparência e destino, construídas antes mesmo do nosso nascimento, já chegamos a esse mundo com boa parte da nossa força criativa e espontaneidade limitadas. A energia despendida para se adequar, corresponder ou ser aceito exaure psiquicamente o indivíduo ao longo dos anos. Ainda assim, pode se tornar irresistível o ato de querer agradar, principalmente quando se tratam de familiares, sobretudo na cultura latina. Assim, a pessoa termina deprimindo.

Ela pode também reagir de outra forma e ser tomada por ansiedade crônica e/ou seus derivativos, tamanha a pressão que sente para corresponder. Quando adquirimos autoconhecimento, ocorrem insights em relação a todo esse processo. Isso justifica alguns afastamentos familiares e reciclagens sociais. Incrementos na autoconfiança, na dignidade e no autorespeito acompanham esse amadurecimento que nos leva a afinizar finalmente com pessoas que nos aceitem, seja essa aceitação pelo respeito às diferenças, seja pela similaridade, quando encontramos a nossa "tribo".

DICAS PARA
MÃES E PAIS

Dê amor e dê liberdade. Até os sete anos, é muito importante evitar o "não". Se o ambiente não é seguro, torne-o seguro, mas não crie proibições. Deixe seus filhos discordarem de você, ouça-os, respeite-os, por mais difícil que isso possa parecer num mundo de pais tão ocupados. A humanidade só evoluiu porque uma geração discordou da anterior. Quanto mais inteligente a criança for, mais discordará e mais questionará. Não se deve podar a inteligência de uma criança.

Infelizmente, grande parte dos pais ainda aprecia os filhos que concordam e condenam os que discordam. Filhos inteligentes te darão mais trabalho pois discordarão mais. Reserve tempo para exercer a paternidade ou a maternidade. As vezes é mais rápido e prático gritar um não ou criar castigos temidos, mas o resultado a longo prazo é trágico. No mínimo, você limitará a criatividade, iniciativa e empreendedorismo do seu filho. Pessoas obedientes são maus estrategistas, pensam curto e não tem visão ampla das situações. São bons candidatos à depressão.

A liberdade é o maior dos valores, sem ele não há amor genuíno nem realização. A liberdade deve se tornar uma direção, um norte. O que subtrai liberdade conduz ao lugar errado e o que proporciona liberdade traz assertividade. Se o amor não dá liberdade então não é amor. Um *falso eu* é criado na criança por uma questão de sobrevivência afetiva. Ela não se sente livre para ser quem ela é. Quanto mais distante está o *falso eu* do *verdadeiro eu*, mais a pessoa sofrerá psicologicamente ao longo da vida. A nossa natureza pura é amor. Ninguém nasce violento. A violência é uma reação ao meio. O meio genuinamente amoroso constrói um caráter amoroso.

Toda mãe e todo pai, de alguma forma, ameaça expulsar o filho. Com medo de ser mandado embora, ele faz concessões. Os pais podem também, de maneira velada, demonstrar preferência ao filho obediente em detrimento do filho questionador. Essa ação, como a anterior, é uma verdadeira fábrica de desafeto. Lá no fundo, a criança passa a odiar os pais, e no segundo caso, o irmão também. É preciso distinguir muito bem e deixar claro, o que é a reprovação a um ato da reprovação da pessoa ou da personalidade do filho. Os pais tendem a contaminar seu afeto pelo bom ou mal comportamento dos filhos. Isso é muito errado e nunca se deve fazer. Uma atmosfera plena do que poderia ser o amor incondicional é a fórmula para uma boa saúde psicológica.

E se meu filho se tornar um transgressor, uma pessoa sem noção e não aprender a respeitar regras? Até os sete anos, nenhuma regra deve ser rígida. A cognição ainda não está pronta para assimilar essa inflexibilidade e, se a obediência acontecer dentro da perfeição, ela ocorrerá a um custo psicológico muito alto. Há quem chame isso de estupro psicológico. É como ensinar conta de multiplicar a uma criança de 4 anos. Se você insistir muito, poderá até adestra-la. Ela vai decorar toda a tabuada, mas vai se tornar uma máquina repetidora, uma criatura peculiar. Isso acontece quando introduzimos certas regras cedo demais, regras que estão além da compreensão da idade. A regra precocemente introduzida passa a fazer parte da personalidade. A personalidade obediente poderá se adaptar muito bem ao papel de soldado raso, mas nunca será um general estrategista, pois precisará sempre ter o suporte da regra e de um comando superior. Poderá lidar bem com a repetição mas não com a livre competição. Cai bem a essas pessoas a estabilidade dos cargos públicos e a de herdeiros não expansores.

Para evitar o temor dos pais de que o filho se torne um rebelde, primeiramente é preciso rever os referenciais históricos e atuais de rebeldia. Rebelar-se, questionar as regras, romper tradições e paradigmas, fazer diferente, inovar, construir novas verdades, todas essas são ações que podem, partindo de uma criança, tornar a vida dos pais mais dificultosa, mas por outro lado, partindo de um adulto, pode torna-lo um profissional de sucesso e uma pessoa incrível. A condição mor para a paternidade e a maternidade deveria ser a disponibilidade. É dentro dela que se constrói o amor, pois só o convívio ou o tempo dedicado ao filho tornará possível à mãe ou ao pai conhecer a sua essência, e separar o seu eu verdadeiro do seu falso eu, criado para se adaptar e ser aceito, dentro ou fora de casa. Se você tiver tempo para explicar e introduzir as noções de certo e errado, com argumentos compatíveis à idade e uma dose de carinho, a sua criança não precisará de regras rígidas nem punições.

Cuidado com os legados transgeracionais insensatos. Muitas vezes repassamos julgamentos, moralismos, costumes e tradições sem explicação, no formato do velho "é porque é", e isso dá um verdadeiro nó na capacidade da criança discernir. Vai torna-la uma mera repetidora obediente, alguém sem capacidade de autogestão.

A liberdade é o valor máximo e jamais deveria ser sacrificada em troca de amor, mas essa terminou se convertendo na prática básica de constituição das neuroses. Assim nos tornamos todos neuróticos e psicossomatizadores. Assim diferimos das outras espécies, assim criamos tantos transtornos mentais e doenças físicas, algo completamente sem precedentes no reino animal. Já que o convívio em sociedade, com seus milhões de sócio-adaptações requeridas, nos obriga a ser neuróticos, vamos pelo menos estar atentos ao que limitará e condicionará nossos filhos, para que ocorra ao mínimo possível, para que tenham mais saúde.

BALANÇA DOS PRAZERES E FRUSTRAÇÕES

As várias perturbações já mencionadas neste livro; castrações comportamentais ligadas às alterações neuroquímicas do indivíduo, cria padrões disfuncionais na sua relação com os prazeres e as frustrações da vida. Se estamos psiquicamente saudáveis, iremos naturalmente fazer escolhas de prazeres diversificados e manter as frustrações mínimas ou sob controle. Se alimentamos culpas, tenderemos a nos punir, buscando inconscientemente frustrações e negando o prazer.

Se vivemos sob o domínio da carência afetiva, iremos fazer coisas não buscando a satisfação própria, mas buscando agradar os outros ou ter a aprovação deles. Não seremos naturais. Gastaremos uma energia extraordinária e faremos performances incansavelmente buscando aplausos, porque ainda precisamos deles.

No momento em que adquirimos consciência sobre esses processos, por terapia, meditação ou *matur-idade*, os pratos da nossa balança de prazeres e frustrações se equilibram inevitavelmente, e alcançamos o equilíbrio psíquico. Nos afastamos de situações, relacionamentos, lugares e até trabalhos que nos mantinham sob um nível de frustração elevada. Passamos a buscar, às vezes de forma inédita, fontes de prazer que nos tragam leveza à alma. O interessante desse processo de cura psicológica é que quanto menos frustrações tragarmos, menos prazer demandaremos para compensar, e assim, muito provavelmente, eliminaremos os prazeres nocivos e ficaremos com os produtivos e saudáveis.

Uma dona de casa que não se realiza ou não se identifica com as atividades domésticas, que tem um casamento sem romance, companheirismo ou sexo de qualidade e ainda que não possua um hobby que preencha os seus vazios, inevitavelmente irá deprimir. Se ela não compensar o que lhe é frustrante com alguma(s) fonte(s) de prazer, nocivas ou não, sua balança irá tombar para o lado das frustrações e irá viver em desequilíbrio. Se ela começa a encontrar prazer na bebida ou no jogo, por exemplo, sua balança tenderá a se equilibrar. Se, no entanto, a defasagem prazeres-frustrações for muito grande, ela poderá transformar a bebida e o jogo em addicções.

Um alto executivo, sobrecarregado e insatisfeito com seu trabalho, precisará de uma dose extra de prazer para compensar tal frustração, que termina lhe tomando mais de cinquenta horas semanais. Uma atitude comum entre essas pessoas tem sido uma ou duas doses de whisky diárias ao chegar em casa. Por vezes, a intensificação da vida sexual, dentro ou fora de um relacionamento, irá lhe proporcionar um alívio momentâneo, pois compensará o lado árduo da vida. Mas se o tamanho da sua frustração laboral for muito grande, ele se tornará ninfomaníaco e alcoólatra.

Uma estudante universitária no auge da sua juventude e libido, que não é capaz de desinibir-se com os rapazes buscando sua própria satisfação sexual, limitando-se apenas a ser objeto de satisfação deles, poderá compensar essa falta num workaholismo estudantil ou em excessos alimentares. Uma esportista, que se força a suportar um casamento tóxico por conveniência financeira, carência ou medo de mudanças, poderá transformar seu esporte na tábua de salvação, e compensar a frustração conjugal nele, sobrecarregando o corpo, adquirido lesões articulares ou mesmo viciando-se em taurina para prolongar os treinos.

Em todos os casos, a indicação psicoterapêutica primordial e indubitável é a de se resolver a frustração pela raiz, consertando a causa, e não compensando suas reverberações neuroquímicas. Há ainda a prescrição de, paralelamente, se buscar prazeres não nocivos como a atividade física comedida, a leitura ou o contato com a natureza. Esses, além de compensarem momentaneamente a balança, terão efeito resolutivo permanente, pois consistem em bons hábitos para a saúde física e mental. O importante é ter em mente que as fontes de satisfação devem ser sempre diversificadas. Nenhuma fonte única de prazer na vida será saudável, mesmo a mais inocente cerveja com os amigos ou a caminhada matinal. A diferença entre o remédio e o veneno pode ser a sua dose. A diversificação do prazer é uma medida inteligente de autocuidado porque evita a concentração da satisfação numa única fonte, que acabará tornando-se nociva pelo excesso. Qualquer prazer aparentemente saudável, como atividade física, sexo ou socialização, poderá se tornar nociva quando se torna única na vida ou compensa uma frustração muito grande.

Um entrave importante na solução dos desequilíbrios neuroquímicos, perpetuados pela frustração excessiva e prazer escasso, é a resistência às mudanças e o apego à zona de conforto. O medo do desconhecido faz as pessoas aturarem seus sofrimentos, conhecidos e previsíveis.

CHUPETA PARA A
TRISTEZA ADULTA

Esse é um produto que teria recorde de vendas caso funcionasse de verdade, aliviando as dores da alma, distraindo e servindo como consolo para frustrações e carências adultas; barato e sem efeito colateral. Você não acha? Pois deve imaginar que não há chupetas adultas exatamente como as que existem para as crianças, mas que há uma grande variedade de substitutivos. Cigarro, bebida, drogas ilícitas, drogas prescritas, sexo, jogo e workaholismo são alguns dos que podemos citar.

Minha experiência clínica, e a consequente análise do histórico de vida de muitos pacientes, me dá a certeza de que o seio materno se conecta à chupeta, que se conecta a muitas outras coisas numa sequência de elos, até chegar aos vícios adultos. Nesse interim cabe uma série de adaptações para se gerenciar as ansiedades geradas pela falta e pelo medo. Chupar dedo e cheirar paninho são fases que podem substituir hábitos anteriores e que serão substituídas por outros hábitos mais adiante, compatíveis com a adolescência e a vida adulta. Um vício é quase sempre aumentado ou inserido por causa de uma grande frustração ou em detrimento da diminuição ou eliminação de outro vício, isso quando não há a resolução definitiva da tristeza ou ansiedade-raiz.

Frequentemente a pessoa que deixa de fumar cigarro se "vicia" em doces, assim como o alcoolista se apoia na cafeína para vencer a abstinência pela falta da bebida. Há quem largue a maconha e comece a fumar cigarro ou que se livre da cocaína e torne-se ninfomaníaco. Os viciados em jogo, sexo, compras ou trabalho (workaholics) tem muito mais chances de desenvolver dependência química. A compulsão alimentar entra na mesma estatística e muitas vezes não leva à obesidade porque é compensada com outros vícios como a vigorexia, ou o vício em atividades físicas de um modo geral. Essa *casadinha* compensatória tem se tornado uma das normoses do século, mas para olhos atentos, revela uma disfunção, tristeza ou ansiedade subjacentes. Assim como o anoréxico compensa a ingestão das calorias que lhe parecem excedentes com o uso indevido de laxantes, jejum e vômitos auto-induzidos, o malhador compulsivo treina, corre, nada ou pedala para compensar um descontrole alimentar. Quando sofre uma lesão ou acidente que lhe impede os treinos, ganha muito peso, as vezes de forma exagerada, pois a ingestão compulsiva de alimentas segue o ritmo de antes, mesmo sem o gasto calórico compatível.

A normofobia e a adicção a tela estão em perfeita sintonia com o tema exposto. O celular se tornou a mais moderna das chupetas adultas, se comunica com todos os outros vícios, desregula o sistema dopaminérgico das pessoas suscetíveis, tem potencial de limitar seriamente as habilidades sociais e cognitivas e ainda causar danos irreversíveis à visão. O constrangimento social já não existe porque pessoas podem ser evitadas ao ascender de uma tela de celular, seja no elevador, sala de espera, transporte público ou até mesmo num encontro romântico. Isso faz com que o rompimento desta barreira social fique quase impossível. O constrangimento é só um tipo de frustração compensada pelo uso do celular, mas existem muitos outros motivos para seu uso patológico.

O acanhamento que leva à evitação social (através da tela) e não ao enfrentamento, leva os indivíduos a atrofiarem suas habilidades sociais, e no caso de crianças e adolescentes, impede-os de desenvolve-las. Esse erro gera um ciclo vicioso, pois quanto mais inábil socialmente, quanto menor a capacidade de iniciar uma conversa ou encarar um desconhecido, mais a pessoa vai usar o celular para fugir desse tipo de situação. No ápice desse descontrole sobre o uso das tecnologias digitais, incluindo redes sociais, ocorre a fobia social, fenômeno cada vez mais frequente, que gera profunda ansiedade e pode desencadear inclusive crises de pânico. O lado positivo do uso dos dispositivos é que numa pessoa saudável e já completamente desenvolvida, eles podem aproxima-la (e não afasta-las) do convívio social. O problema é que, como diria Freud, somos todos neuróticos, e portanto suscetíveis à adicção a tela.

Assim como uma taça de vinho pode resultar inofensiva num determinado momento da vida, em outro ela pode virar uma tábua de salvação, um tranquilizante, uma chupeta adulta sem a qual não podemos prescindir. A depender do diálogo, educação e exemplo emocional que tivemos em casa, saberemos ou não encarar e resolver nossos embates emocionais sem a necessidade da fulga através do álcool ou outra substância psicoativa. A insatisfação, tristeza, ansiedade ou estresse, quando encarados, sentidos e enfrentados na sobriedade, sem o *consolo alcoólico* do final do dia ou da semana, leva a pessoa a uma clareza de idéias. Fica então a única alternativa; a de resolver o problema na sua causa última.

Cortar o mal pela raiz pode no entanto requerer uma mudança radical de vida, como término de um casamento, dissolução de uma sociedade, troca de profissão ou mudança de cidade. Nesse contexto, muitas vezes entra a bebida e outras drogas, inclusive as prescritas, para adiar ou evitar as mudanças necessárias, para consolar ou anestesiar a pessoa enquanto dura o incômodo, para mantê-la na vida que ela não quer ter.

A droga recreativa, pela sua (errônea) denominação, induz ao falso pensamento de não-dependência ou não-compensação de algo que vai mal no psiquismo. O que a maioria das pessoas não sabe é que o álcool ou qualquer outra droga só entram em jogo para compensar um aspecto da vida que não está ok. Tem efeito de automedicação e entra para suprir uma carência dopaminérgica.

Pode-se começar automedicando o tédio, e nesse caso, o termo droga recreativa parece fazer todo sentido, não é? Não sabe porém o usuário que o tédio é um problema existencial, que o vivencia aquele que não está engajado num projeto de vida. Além do tédio, há outros motivos que levam ao uso do álcool e outras drogas:

* ansiedade
* tristeza
* timidez
* inibição sexual
* insônia
* dor física

No caso do álcool, como ele é muito bem aceito socialmente, e faz parte quase inseparável de alguns rituais da cultura ocidental, fica difícil determinar exatamente o motivo do *uso* e quando esse transforma-se em *abuso*. Celebrações, festas, casamentos, debutes, velórios (nos EUA), jantares românticos. Nessas situações, negar uma taça é quase um ato anti-social. Por outro lado, se pensarmos que a bebida funciona como um *lubrificante social*, que nos faz descer goela abaixo situações sociais intragáveis, que aglomera pessoas que não se toleram, mesmo pertencendo à mesma família, concluímos que a solução é eliminar esses eventos da agenda ou, minimamente, enxugar o tempo do "sacrifício" para que não haja a necessidade de embriagar-se.

O consumo do álcool geralmente é iniciado no final da adolescência, e funciona na maioria das vezes como um pseudo-desrepressor-sexual-nocivo, encobrindo muito mais do que uma simples timidez nas investidas amorosas. Pseudo porque a repressão não é aplacada e sim a censura momentânea, causando inclusive culpa, vergonha ou ressaca moral quando a sobriedade é alcançada. Nocivo porque tem efeitos colaterais e ainda causa dependência. O moralismo e o machismo estão por trás dessas travas psíquicas que dificultam enormemente a expressão do sentimento e do desejo sexual.

A entrada da bebida alcoólica na adolescência pode portanto definir, já nesse primeiro momento, um caminho patogênico na organização psico-comportamental do indivíduo. Assim como o celular frequentemente causa inabilidade social, a bebida causa, na mesma proporção, tanto inabilidade social como despreparo na expressão do afeto e do desejo, só vencidos sob o efeito do álcool. Tal dependência psicológica termina por desencadear a dependência química, uma vez que os ansiolíticos naturais deixam de ser produzidos pelo corpo com o uso sistemático do álcool. A dependência química termina sendo então uma consequência natural da dependência psicológica, tanto pelas vias do uso da bebida como lubrificante social como pelo uso na desinibição sexual.

Para os pais, fica então o alerta em relação à necessidade de uma educação sexual informativa e adaptativa, excluindo o moralismo e o machismo nas suas várias formas de expressão. A educação sexual sócio-adaptativa é necessária para que a própria criança não sofra constrangimentos ao se tocar em público, por exemplo. Diferente dos indígenas, nossa cultura não aceita pessoas desnudas em público, e também não aceita masturbação fora da privacidade, vale explicar. Essa é uma explanação simples e não requer detalhamentos que a maioria dos pais está inabilitada a dar, por suas próprias inibições sexuais. Deve-se deixar claro para a criança, numa linguagem simples, que a masturbação não é suja nem pecaminosa. Isso poderá evitar muitos problemas mais adiante, incluindo o uso do álcool.

A família será determinante na aquisição de hábitos bons e ruins, na iniciação ou não no álcool e outras drogas e, de um modo geral, na necessidade das chupetas adultas. O fator mais importante, depois do bom e velho exemplo dos pais, será a qualidade da comunicação no ambiente familiar. A permissão para livre expressão dos sentimentos será fundamental. Acolhimento e validação das emoções construirão uma esfera de segurança e conforto, trazendo junto uma visão de mundo esperançosa. Funciona como uma bateria de longa duração, que uma vez carregada na infância, nutre afetivamente durante toda a vida. Essa magnífica "bateria" manterá a pessoa longe dos vícios e das dependências afetivas.

A negação do medo, por outro lado, igualmente tem origem no ambiente familiar. Nesse contexto, a vulnerabilidade não é permitida e a criança se sente uma perdedora ao admitir seus sentimentos. Esse aspecto talvez seja o pilar mais importante do falso eu. Ele nos afasta do rótulo da fraqueza mas nos desconecta dos nossos sentimentos e nos faz perder de vista o que tem por traz das nossas muitas ansiedades. Se nada tememos de verdade, inclusive o futuro, não há ansiedade.

Se fomos acolhidos nas nossas inseguranças infantis e fortalecidos com o reconhecimento sincero das nossas qualidades, pouco provavelmente nos tornaremos adultos ansiosos e candidatos às chupetas adultas.

OUTRAS CHUPETAS

O vicio em compras tem se revelado uma das maiores normoses da atualidade, uma vez que, em maior ou menor grau, todos recaímos em algum momento da vida. A pandemia de COVID-19 levou grande parte da humanidade a repensar o essencial, no contrafluxo do hipercapitalismo e da propaganda. A manutenção do status e a busca da imagem ideal construída pela mídia, tem levado milhões de pessoas a sacrificarem-se para trabalhar e pagar pelo que não precisam. As necessidades criadas pela lavagem cerebral podem consumir metade da nossa vida laboral, e portanto boa parte da nossa existência. Todo vício é antecedido pelo uso e pelo abuso. Em qual estágio você se encontra? Do que se consola com essa chupeta? O que está compensando na busca por essa imagem ideal?

O mundo moderno nos cerca de maus hábitos, passíveis de serem transformados em chupetas; consolos para as frustrações da vida. Porque mantemos maus hábitos se são maus? Porque trazem alívio e consolam, equilibrando a nossa balança interna de frustrações e prazeres. Como contornar isso? Buscando boas fontes de prazer, o que gradativamente diminuirá nossa necessidade pelas más, e ainda, procurando sanar as fontes de frustrações, que podem brotar:

* de um trabalho que não preenche ou está em desacordo com nossos valores

* de convivências que se tornaram tóxicas
* de compromissos que não toleramos
* de roupas, calçados e penteados desconfortáveis
* de formalidades inúteis
* da poluição sonora e/ou atmosférica
* da vizinhança, cidade ou país que não se alinham conosco
* das injustiças percebidas e não percebidas (injustiça social, racismo, machismo, homofobia, outras discriminações, etc)
* das imposições religiosas

EPIGENÉTICA X DETERMINISMO GENÉTICO

uito se acreditou através da Ciência, que as psicoses eram determinadas majoritariamente por mecanismos genéticos, porque as estatísticas demonstravam que filhos ou familiares co-sanguíneos de psicóticos tinham mais probabilidade de desenvolverem psicose. O obvio não levado em conta era que a qualidade do relacionamento com pais psicóticos poderia ser a real causa da transmissão deste mal, assim como a real explicação para o comportamento violento de uma criança era a violência vivenciada no ambiente familiar.

A Epigenética estuda as modificações herdáveis do genoma sem alterações da sequência de DNA. Está ultrapassada a idéia de que os genes são os únicos responsáveis por passar características biológicas entre as gerações. Hoje se sabe que as variações não genéticas (epigenéticas) adquiridas ao longo da vida também são transmitidas aos descendentes. Evidências científicas atuais mostram que hábitos de vida e ambiente social podem modificar o funcionamento dos genes.

A Epigenética ampliou o campo de entendimento das doenças não só na psiquiatria como revolucionou também a etiologia das enfermidades físicas. Os estudos com gêmeos univitelinos separados no nascimento em muito colaborou para a conclusão de que o meio e os hábitos são o real gatilho para o desenvolvimento da maioria das doenças.

Quando falamos em transtorno depressivo, à semelhança da psicose, sua origem tem muito mais a ver com a herança comportamental do que com a herança genética. Se aprende na convivência com pais e criadores a lidar com as emoções; a reprimi-las ou transforma-las. Num ambiente onde há liberdade e acolhimento para sentir e falar sobre sentimentos, assim se aprende a lidar com eles. Num ambiente frio, austero e rígido, onde a demonstração de sentimentos, como medo e tristeza, é tratada de forma depreciativa, como uma fraqueza, ou com desprezo pelos pais, a criança cresce aprendendo a negar seus sentimentos e a empurra-los para "debaixo do tapete". Esse mecanismo se torna a sua segunda natureza e a pessoa perde o contato com seus processos emocionais, deixando de reconhecer por exemplo, a origem da sua tristeza ou ansiedade.

A psicoterapia entra como uma ferramenta de autoconhecimento para ajudar o adulto ou a criança a encontrar o caminho de volta, a reconhecer o que o perturba, a olhar para seus sentimentos e nomea-los. Muitas vezes alguns sentimentos são tão proibitivos num meio familiar que sua energia psíquica se transforma em outra coisa. O medo num ambiente de valentes, por exemplo, pode ser transformado em agressividade, como fazem os animais acuados, que atacam quando se sentem encurralados ou pressionados.

Um ambiente familiar depressivo comumente pode assumir um caráter de ambiente de adições e vice-versa, porque na verdade, a bebida e outras drogas funcionam como uma automedicação para a depressão que não quer ser sentida, que não quer ser olhada. Um adolescente deprimido pode despontar como o sintoma de um sistema familiar aparentemente alegre, animado por reuniões familiares em volta de uma mesa, regada a bebidas alcoólicas e excessos alimentares. Entre parentes entorpecidos, o sóbrio é o único a apresentar sinais (evidentes) da depressão, enquanto ao seu redor todos a mascaram. Vale lembrar que compulsão alimentar, compulsão por atividades físicas, ludomania, ninfomania e workaholismo são variantes do alcoolismo e outras adicções.

O epigenoma de um deprimido está infestado de informações do seu período fetal, do seu nascimento, de traumas, de interações sócio-familiares tóxicas e até mesmo de sofrimentos de ordem física ou fisiológica como dores, dificuldades respiratórias, privação do sono ou alimentar. A história de vida é carregada através da epigenética para gerações futuras, e esse é mais um motivo para a aquisição de bons hábitos e a dissolução de traumas psicológicos. É um bom investimento para quem pensa em ter filhos.

FISIOLOGIA

Sem um sono revigorante, a vida se torna um fardo insuportável. A hidratação deficiente prejudica o bom funcionamento dos rins, dificulta a eliminação de toxinas e pode causar dor de cabeça persistente. A qualidade, quantidade e frequência na alimentação podem determinar inúmeros problemas psicológicos, frequentemente desprezados numa consulta psiquiátrica ou sessão psicoterapêutica. O jejum ou o longo período entre refeições pode ser a causa de quadros hipoglicêmicos, responsáveis pelo desânimo, apatia, prostração e até desesperança do paciente. A baixa ingestão de carboidratos pode causar tanto hipoglicemia quanto compulsão por doces, o que gera uma "montanha russa" de humores e deixa o ânimo instável.

Os medicamentos causam efeitos colaterais, mesmo que imperceptíveis a curto prazo. O uso frequente ou prolongado de qualquer medicação, ainda que uma simples aspirina ou laxante, interfere na fisiologia e portanto no psiquismo. O cuidado integral da saúde não é alcançado ainda pela medicina alopática ocidental. Essa ciência segue em pleno século XXI extremamente superficial, limitando-se na maioria das vezes a tratar o sintoma e não a causa última da doença, que geralmente está associada a intoxicação alimentar e/ou emocional. O estresse da vida moderna vem a ser a principal fonte de intoxicação emocional, seguido da negação e represamento da raiva e do medo. A ansiedade é a manifestação mais frequente do medo e também a origem de inúmeras disfuncionalidades físicas e psicológicas. A hipertensão arterial e o transtorno do pânico são exemplos.

Não é nada incomum um paciente apresentar-se obnubilado, sem clareza nas idéias, com memória afetada ou humor instável e o psicoterapeuta descobrir que a origem desses males e outros está na má qualidade ou insuficiência de sono. As obstruções respiratórias batem o recorde de perturbadores do descanso. Rinite, adenoidite, hipertrofia dos cornetos nasais, desvio de septo e apneia são alguns dos diagnósticos frequentes por trás de uma personalidade irritadiça ou desanimada. A depressão termina sendo uma consequência natural de longos períodos de privação de sono. Ela é construída durante meses ou anos, tornando imperceptível a associação das duas coisas. O humor alterado torna-se, lenta e gradualmente, parte da personalidade da pessoa sem que ela perceba a origem do problema. O mal dormido busca compensar a qualidade insatisfatória de sono dormindo mais tempo, o que termina afetando negativamente seu conceito diante das pessoas do convívio próximo, que o tiram como preguiçoso e dorminhoco. A depender da cultura, esse estigma pode afetar muito a autoestima, sobretudo em crianças e adolescentes. Somado a esse baixo autoconceito, pode minar no mal dormido a autoconfiança na sua capacidade intelectual, porque uma boa noite de sono é fundamental para a cognição e a memória.

A cafeína e a taurina, drogas legais e muito consumidas, podem melhorar os desempenhos físico e mental mas deixam a sua conta. Insônia, qualidade de sono insatisfatória e dificuldade para adormecer podem fazer parte dessa soma. O refluxo gástrico não deixa evidências claras de interferência no sono. Na versão leve da sua manifestação, ele bloqueia parcialmente as vias aéreas e causa micro-despertares, nem sempre percebidos. Maus hábitos alimentares e estresse geralmente estão por trás desse diagnóstico. Para perturbar o sono, podemos ter ainda fatores externos como poluição atmosférica e secura do ar (natural ou por ar-condicionado), que afetam bastante o sistema respiratório e consequentemente o descanso. O barulho e os mosquitos são inimigos icônicos de uma boa noite de sono e não devem ser desprezados ou naturalizados.

Quanto ao bom funcionamento intestinal, como diz a linguagem popular, uma pessoa enfezada é uma pessoa que retém fezes e não tem o melhor dos humores. No sistema digestivo humano habita o chamado "segundo cérebro". Ele possui meio bilhão de neurônios e mais de 30 neurotransmissores, incluindo 50% de toda a dopamina e 90% da serotonina fabricadas no corpo.

Nosso organismo contém mais células não humanas do que humanas e o sistema digestivo abriga a maior parte dessas intrusas. O conjunto de bactérias que portamos chama-se microbiota e esta pode comunicar-se com o cérebro através dos neurônios abdominais. Alterações no sistema digestivo relacionadas à microbiota provocam alterações no cérebro. O sistema nervoso entérico (SNE) se encarrega dessa comunicação.

Como já postula a medicina oriental (chinesa, ayurveda e outras) a milhares de anos, trata-se de uma via de duas mãos. Tanto o humor afeta o aparelho digestivo como o aparelho digestivo afeta o humor. A neurogastroenterologia, novíssima especialidade da nossa atrasada e imediatista medicina ocidental, chega para explicar que a microbiota funciona como um órgão a mais no corpo humano, capaz de regular várias funções; a fome, o estresse, a ansiedade, o sono, o tato e outros sentidos. Ou seja, as bactérias causam alterações em regiões do cérebro que processam sensações do corpo, emoções e até funções cognitivas. Existe inclusive a hipótese de que o autismo esteja ligado à falta de algumas bactérias essenciais ao sistema digestivo. Já o câncer e a obesidade estão comprovadamente relacionados com a qualidade da microbiota.

A diversidade de bactérias no corpo é vital mas a vida moderna está acabando com ela. E não só os hábitos de alimentação são responsáveis. Os antibióticos matam tanto as bactérias causadoras da infecção quanto as imprescindíveis ao nosso bom funcionamento, inclusive aquelas que regulam a fome. O uso indiscriminado desses medicamentos foi incorporado de forma inconsequente na nossa cultura. Já sabendo que pode contar com eles, a população, de um modo geral, não percorre os passos que deveriam anteceder o combate a uma infecção, como bons hábitos alimentares, de higiene, sono e todos aqueles que mantem a nossa imunidade em alta, incluindo a evitação de sobrecarga emocional e do estresse. Nessa perspectiva, podemos dizer que o antibiótico é mais um dos muitos remédios paliativos, aqueles que promovem a nossa pseudocura. A medicação não traz a cura integral do sistema, não proporciona consciência corporal, não regula os hábitos, nem aumenta a imunidade, apenas nos acomoda, trazendo junto inúmeros efeitos colaterais, como as disfuncionalidades causadas pelas agressões à microbiota.

A coluna vertebral é outro aspecto fundamental da nossa fisiologia, pois afeta as emoções e é causa potencial de desequilíbrios sistêmicos generalizados, incluindo a depressão. Outra via de mão dupla, a coluna afeta e é afetada por estados emocionais e traços de personalidade. Assim como a pessoa submissa tende a baixar a cabeça e desenvolver cifose, as posturas costumam moldar inconscientemente as tomadas de decisão e o comportamento. Somado a isso, o desconforto ou a dor causados por desvios de coluna tem o potencial de tirar a alegria e a paz de qualquer indivíduo. A manutenção da saúde da coluna inclui a boa ergonomia e postura, exercícios que fortaleçam costas e abdómen, alongamentos, manutenção do peso adequado e a evitação do estresse. Esse último é responsável pela tensão muscular, causadora de muitos males na coluna, sobretudo os da região cervical. O Pilates e a Yoga tem se mostrado excelentes ferramentas para se evitar complicações posturais, desenvolvendo consciência corporal. O RPG (Reeducação Postural Global) e a Quiropraxia ajudam na recuperação dos males já causados e também podem ser profiláticos.

A poluição sonora vem a ser um dos maiores males ocultos da vida nas grandes cidades. A maior parte das pessoas não tem conhecimento sobre as reais consequências dos efeitos do barulho a médio e longo prazo. A pressa e a pressão, diluídas nos sons do tráfego das grandes vias, contaminam o psiquismo dos cidadãos através da audição. Entre ronco de motores, buzinas e sirenes, existe a propagação e a banalização de um modo de vida apressado, frenético e insano. A poluição sonora está inserida no contexto de normose urbana. O silêncio absoluto que ainda impera em alguns recantos do planeta se mostra inclusive incômodo para pessoas acostumadas a não ouvir o som da própria respiração e do próprio coração. Esse incômodo faz parte da resistência inconsciente à introspecção e ao contato interno, tão comuns entre os ocidentais.

Os níveis de ansiedade e estresse, causados pelos perturbadores decibéis, preparam o corpo constantemente para luta ou fuga. Isso ocorre pela liberação contínua de adrenalina, cortisol e norepinefrina na corrente sanguínea. O estado de alerta causado pelo barulho, que seria funcional para situações pontuais de sobrevivência, torna-se a origem de uma infinidade de doenças quando cronicificado.

A fisiologia está intrinsicamente ligada ao psiquismo. O transtorno depressivo raramente tem uma única causa e sua origem está frequentemente associada aos temas dos últimos parágrafos. Muitas vezes o processo psicoterapêutico não é iniciado até o paciente realizar ajustes relacionados ao bom funcionamento do seu corpo. A Psicoterapia Reichiana vem a ser a linha da Psicologia que mais integra corpo e mente nas suas intervenções, e também é a que mais dialoga com a medicina oriental.

YOGA, YAMAS E AUTOCORRUPÇÕES

Patañjali, o grande sistematizador da Yoga, dizia a quase 3 mil anos nos Yoga Sutras, que oito passos devem ser seguidos para a boa saúde física, mental e espiritual. São eles:

1. Yamas - preceitos éticos
2. Nyamas - preceitos de autocuidado
3. Ásanas - posturas físicas da Yoga
4. Pranayamas - exercícios respiratórios restauradores
5. Prathyahara - controle ou abstração dos sentidos
6. Dharana - concentração
7. Dhyana - meditação
8. Samadhi - iluminação

Os Yamas nos orientam a uma vida mais leve e tranquila, no sentido de não carregarmos culpas. Sem essa carga, deixamos de alimentar autopunições inconscientes, que engatam nas autocorrupções do dia a dia, e nos afastam dos nossos objetivos. O contraponto desse processo ocorre quando respeitamos o coletivo em detrimento das obsessões pessoais, quando nos alinhamos a princípios que servem ao todo do qual fazemos parte. Livre das culpas e com a consciência tranquila, somos gradualmente conduzidos à plenitude e à realização pessoal. O nome disso é automeritocracia. Quando dizemos que fulano não se permite ser feliz, falamos exatamente disso.

Diferente dos animais, os humanos sentem culpa, porque justamente seu lado humano os conecta com o sofrimento alheio, através do que conhecemos como empatia. A neurociência explica esse mecanismo através dos chamados neurônios-espelho. O sentimento de culpa em si já é um sofrimento mas ele desencadeia ainda uma série de comportamentos inconscientes, para infringir a si mesmo algum tipo de castigo pelo mal causado.

Os preceitos Yamas emergem de uma sabedoria milenar e visam construir no yogue o seu automerecimento; a sensação íntima do "eu mereço", afastando-o do autoflagelo inconsciente. O primeiro Yama é o da não-violência (ahimsa) e pode ser traduzido pela evitação de qualquer agressão física, verbal ou energética (pelo desejo ou pensamento) a si mesmo e aos outros. O segundo é, nada mais nada menos que, a verdade (satya). Sinônimo a sinceridade e transparência, quando segue-se essa recomendação, a pessoa sente o alívio para tornar-se quem realmente é, sem se preocupar com a aceitação ou o julgamento alheio, sem se esforçar para "parecer" bom em qualquer coisa. Desta forma, finalmente livra-se da ansiedade de ser flagrado nas suas insinseridades ou inconsistências. Quem vive em satya fala menos, pois não precisa se justificar ou se autopromover. O terceiro preceito é o de não roubar (asteya) e nele incluem-se as práticas de não dominação, não exploração e não persuasão, de forma que uma pessoa não seja usada para benefício de outra. O quarto Yama é o do autocontrole (brahmacharya) e é ele quem nos levaria a não desvirtuar a sexualidade, não transformando-a em adicção, ferramenta de controle (sedução) ou moeda de troca. O quinto preceito Yama é a não-cobiça (aparigraha) e nos remete à idéia de não se apegar, não desejar o que pertence a outra pessoa.

Pode-se incluir no terceiro Yama, o de não roubar, várias formas de relação trabalhista, passando pela escravidão, serviço militar obrigatório, assédio moral, serviços domésticos não remunerados, até a exploração de mão de obra barata, tão comum nas ex-colônias e países em desenvolvimento.

Ocorre que, longe das contínuas distrações-entorpecentes, do entretenimento-cretinizante e do ritmo burro-frenético da vida moderna, quando uma pessoa é capaz de se aquietar para viver a verdade (satya), ela evita as *naturalizações convenientes*. Assim, ela desperta para a verdadeira intenção por trás de cada ação sua, forçando o ego a se alinhar com a essência. Rompe-se dessa maneira os intermináveis ciclos de erros, culpas e autoflagelos, que tanto afastam o indivíduo da plenitude e gozo máximo da vida.

O inconsciente freudiano é um universo inexplorado ainda no século XXI. O autoconhecimento ainda soa exotérico para a maioria cético-mecanicista, tornando-nos um planeta masoquista; de autosabotadores. A introspecção e a solitude ainda perdem para a carência e a imaturidade psico-espiritual. Se a espécie humana explorasse o universo interior como tem explorado o exterior, desvendaria as mazelas do inconsciente, que a torna refém das próprias emoções. Enquanto priorizarmos telescópios e sondas, haverá um buraco negro dentro de cada um de nós.

MEDITAÇÃO

Assim como as águas calmas de um lago refletem a beleza ao seu redor, a mente serena espelha a perfeição do universo. As ondulações estão para o lago assim como os pensamentos estão para a mente, ambos distorcem a imagem; o real, a verdade. A meditação é a prática que se propõe a controlar o fluxo incessante de pensamentos, justamente para que possamos enxergar com perfeição as coisas como elas são; a verdade, sem as armadilhas fantasiosas do inconsciente.

O corpo se desintoxica e se beneficia com o jejum de alimentos da mesma forma como a mente se beneficia com o jejum sensorial. Quando criamos condições propícias para a abstração dos sentidos, a mente melhora seu desempenho. Para curar o sistema digestivo às vezes precisamos fazer uma monodieta, passando por um período a consumir somente determinado tipo de alimento. Para curar uma indigestão sensorial, podemos nos valer de manter a atenção em um único alvo, que pode ser uma paisagem, uma vela acesa, um mantra, uma palavra. Uma certa abstinência, geradora de impaciência e desesperança, perturbará e tentará desviar o meditador da sua abstração sensorial, assim como acontece com a abstinência ordinária às drogas. Vencida essa primeira etapa no entanto, fica mais fácil manter.

Existem várias formas de se atingir um estado meditativo, mas na sua forma avançada, esse estado requer *imobilidade física vígil* (acordado). Para que isso aconteça, a pessoa não pode estar deitada ou com muito apoio nas costas e pescoço, pois dessa forma, ao atingir o relaxamento, cochilará. Uma pessoa muito iludida ou infantilizada resistirá a entrar em meditação profunda, pois seu insconsciente tentará proteger o ego frágil, mantendo a ilusão (como a fantasia protege a criança da realidade). Nesses casos, as proteções surgem em forma de sono, coceira, agonia, impaciência, pseudo-urgência no cumprimento de alguma tarefa, fome, sede, tosse, espirro e tudo que possa distrair o ego, impedindo-o de assimilar a verdade que aflora na meditação.

Através da meditação somos capazes de acessar sentimentos e emoções reprimidos. O silêncio do estado meditativo nos permite ouvir as sutilezas, o que está encoberto, abafado, calado por dias, meses ou anos. Devemos nos permitir sentir, sempre, mas quando isso não foi possível no passado, precisamos voltar para limpar o que foi jogado para debaixo do tapete. Somente assim poderão ser dissipados ansiedades, medos e tristezas persistentes. O acesso às emoções não só liberta como nos dá norte. Sentimentos e emoções são como pontes que nos permitem descobrir quem somos, o que verdadeiramente queremos e onde precisamos chegar.

Aos ocidentais lhes custa muito mais a meditação que aos orientais tradicionais porque eles (os ocidentais) estão mais suscetíveis às ilusões da vida moderna, às distorções de valores, à bolha de consumo e às aparências. A meditação se propõe a nos despir das máscaras e ilusões, mas como diria Jacques Lacan (1901-1981), o real é insuportável. Por esse motivo não nos é jogada de uma vez a verdade num fechar de olhos. A meditação requer prática e persistência. Os insights chegam à medida que a quietude se instala. A inteligência mais refinada e sútil não pode ser ouvida mediante o ruído mental de uma mente tagarela, mediante a presença do macaco pulante que representa nossos pensamentos incessantes.

IMPERTURBABILIDADE

O serenismo inabalável é atingido quando a pessoa já não se identifica com os resultados das suas ações, quando consegue distinguir o que pode do que não pode mudar e quando consegue aceitar o que não pode ser mudado. Ocorre quando já não há euforia diante da vitória nem tristeza com a derrota. Aprende-se simplesmente a não criar expectativas, a empenhar-se 100% no presente e na execução da ação presente. Aprende-se a ser mais um peregrino, que desfruta a jornada, que um turista, que anseia a chegada ao destino. Todo esse processo ocorre quando a rigidez protetiva do ego é abrandada, quando ele já não tem do que se proteger, quando a maturidade espiritual superou a criança interna, quando já não há carência afetiva.

Qualquer resultado pessoal que abale, positiva ou negativamente, as emoções é fruto de um ego que anseia por aprovação, aplausos, reconhecimento e amor; e ao mesmo tempo teme tudo o que for oposto, como desaprovação, ridicularização, invisibilidade, ódio e abandono. Quando alguém entrega o resultado à própria ação, presenteando o presente com a presença, o desfecho não importará; não lhe causará orgulho ou vergonha. Para que isso aconteça, para que se viva o presente sem ansiar o futuro, o ego precisa estar maduro; sem medo e autosuficiente.

ESCOLAS INICIÁTICAS

O termo "desenvolvimento psico-espiritual" é, cada vez mais, usado na Psicologia, sobretudo na Humanista e na Existencial. Como diria Abraham Maslow (1908-1970), não existe transição ou fronteira definida entre o amadurecimento psicológico e o da espiritualidade. Um está com o outro e leva ao outro, assim como a boa saúde psíquica acompanha a boa saúde física, livrando o indivíduo de doenças psicossomáticas. Desta forma, corpo, mente e espírito são concebidos como indissociáveis, como sempre foram nas culturas milenares do oriente, e como foi no ocidente até a popularização da Medicina Farmacêutica. Essa nos alienou, colocando de lado mente e espírito, e monopolizando os cuidados do corpo através das suas pílulas mágicas. O mesmo aconteceu com a espiritualidade, que antes de ser institucionalizada e monopolizada pela Igreja, estava em união com o corpo e a mente. Ao fim, o curanderismo (cuidado integral) foi julgado como bruxaria, então o padre passava a cuidar do espírito e o médico do corpo, esquartejando-se o indivisível, e ainda minando a responsabilidade, inteligência, intuição e bom senso das pessoas em relação à própria saúde física e espiritual.

Existe um buraco negro no nosso psiquismo chamado inconsciente. Ele abriga um mundo de fantasia que nos protege da dura realidade, dos nossos traumas de infância e outras feridas da vida. No entanto, a partir de um dado momento do desenvolvimento psico-espiritual, ansiamos a verdade e nada mais que ela. Mas quando a vemos, o sofrimento emerge, ou não teremos visto nada. Por isso se diz que a verdade dói.

O mergulho mais fundo que se dá na praia, rumo à travessia da turbulenta faixa de arrebentação, se deve à vontade de nadar nas águas serenas do outro lado das ondas. Da mesma forma, o mergulho na profundidade do ser, nos leva aos turbilhões da verdade, que nos sacodem e nos tiram das zonas de conforto. Isso pode ser realmente necessário para superação de uma crise existencial e de uma depressão mais persistente.

Se o indivíduo fica na superfície e não enfrenta a turbulência, não descobrirá como é a verdadeira serenidade. Evitar a sobriedade e a introspecção, hiperocupando-se e alienando-se da própria realidade interna, significa adiar o inevitável encontro com a verdade. Manter-se no raso de si mesmo pode produzir uma certa resignação e uma pseudotranquilidade, mas jamais o serenismo. O mundo da fantasia nos protege enquanto somos crianças, mas se torna um cárcere e aprisiona a alma de quem precisa ir adiante.

A insuportável realidade de Lacan pode ser experimentada em doses homeopáticas e crescentes até, assustados, tomarmos consciência da '"matrix". Essa é a hora da pergunta fundamental: "E o que eu tenho com isso?" Talvez cada um deva descobrir seu papel e ser a mudança que quer ver no mundo. A esse processo pode-se atribuir a verdadeira paz.

Para Jean-Paul Sarte (1905-1980), a pessoa é o seu projeto existencial, e fora dele haveria desencontro, vazio e sofrimento. Viktor Frankl (1905-1997) presenteia a humanidade com a Logoterapia, a terapia onde se busca o sentido da vida. Poderemos ficar travados justamente nessas questões em algum momento do nosso desenvolvimento psico-espiritual . Nesse caso, não restará outra opção que não seja um mergulho no autoconhecimento. Perguntas surgirão cujas respostas não estarão em nenhum livro. Nesse ponto a pessoa naturalmente demandará uma iniciação espiritual, e que fique claro que isso não necessariamente está associado a nada exotérico ou transcendente.

A meditação é a forma mais pura, simples e democrática de autoconexão mas infelizmente, para o ocidental comum de uma cidade grande, pode ser extremamente difícil pisar no freio e desacelerar. Por esse motivo uma escola iniciática é indicada, para que ela possa fazer a ponte entre esse indivíduo e o seu universo interior. A indústria do entretenimento tem afastado cada vez mais a humanidade deste caminho. São tantas as possibilidades de se gastar o tempo livre que torna-se irresistível não parar, não fazer nada, acalmar os pensamentos, ouvir a própria respiração e sentir o coração bater. Essas atitudes, por si só, já são terapêuticas, mas a medida que a Medicina Farmacêutica assumiu o controle da saúde, as pessoas se desconectaram do seu poder de autorreflexão e autocura.

A Yoga tem se mostrado a escola iniciática mais acessível nas últimas décadas. Ela nos inicia na meditação, traz consciência corporal e alinha nossos centros de energia, responsáveis por toda a regulagem dos órgãos e emoções. Os exercícios respiratórios da Yoga equilibram as ondulações da mente, trazem vigor e disposição, além de serem uma forma de abstração sensorial, de higiene mental. As respirações também são importantes durante as permanências nas posturas (asanas) e nas sequências de movimentos (flows). Uma vez iniciado na Yoga, a pessoa aprenderá a prestar atenção na sua respiração e no seu corpo. Irá se antecipar aos sinais enviados por essas vias; às dores e aos pré-sintomas das doenças. Com o tempo, a Yoga termina nos convidando, através dessa comunicação, a mapear o que nos faz bem e o que não nos faz, sejam alimentos, situações, sentimentos, lugares ou pessoas.

As escolas de mistérios ou escolas iniciáticas possuem um ciclo de vida, pois nascem, crescem, reproduzem-se (dividindo-se em várias linhas), envelhecem e morrem. As religiões de uma maneira geral são formas improdutivas ou mortas dessas escolas, pois já não servem ao propósito inicial, tornaram-se apenas um sistema de regulação de conduta social. Além da Yoga, a Teosofia, o Kardecismo (na sua versão não associada ao Cristianismo), a Conscienciologia, o Pathwork, o Tantra, o Renascimento, a Hipnose Ericsoniana e o Vipassana foram algumas das escolas onde se iniciou essa autora. Existem muitas outras como o Xamanismo, a Maçonaria, a Rosacruz, o Confucionismo, a Antroposofia e as Frequências de Brilho. Caberá ao leitor e somente a este, a melhor escolha para que possa aprofundar-se em si mesmo e nos temas relacionados às leis universais.

A pessoa iniciada é direcionada a um caminho sem volta. Com o tempo, ela adquire entendimento prático da inseparabilidade corpo-mente-espírito, pois o vivencia na própria pele, estando de fato presente no corpo que a pertence. Por isso se diz que os mestres não adoecem. Poderíamos acrescentar ainda que um mestre não se acidenta, não se boicota, não tem recalques e não comete atos falhos, pois tem consciência do que poderia ser o seu insconsciente, pois o autoconhecimento, como foi prescrito pelo *Nosce te ipsum* do Templo de Delflos, lhe iluminou. A fatalidade deixa de existir para ele, porque sabe que o acaso nada mais serve que para proteger seu ego enquanto ele é imaturo ou está adormecido.

O espiritualmente maduro se apossa de tudo o que lhe acontece e jamais se apresentará como vítima. Esse exercício de apropriação lhe lança num ciclo virtuoso de aprendizagens sem fim, e ele já não voltará a ser vacilante, não voltará a dormir, estará para sempre desperto, presente, consciente em tudo o que faz, atento às reverberações. O *desperto*, em termos psicanalíticos (apesar de a Psicanálise não ter alcançado tal evolução), seria aquele que superou a neurose e venceu a inconsciência, tornando-se consciente de tudo o que faz.

LIBERTAÇÃO DA MATERIALIDADE

O adeus definitivo a qualquer indício de estado depressivo; a última libertação, já tendo percorrido todos os outros passos, é a abstração dos encantos da materialidade. Nesse patamar já não há sedução ou orgulho, paixões ou aversões. Quando os cordões emocionais são cortados, a pessoa tende a se voltar mais para introspecção e para a natureza, expressão primeva da liberdade. Desatam-se os apegos e as fixações; a pessoa é naturalmente impulsionada a transcender ao último patamar da pirâmide. Segundo a hierarquia de necessidades de Maslow, há necessidades físicas e materiais básicas que precisam ser satisfeitas antes das necessidades imateriais aflorarem. Muitos autores humanistas acrescentam ou traduzem a teoria de Maslow como aquela que explica as necessidades de cunho espiritual, de conexão com algo maior ou com o todo.

O sentimento oceânico; sensação de eternidade e vínculo indissolúvel com tudo e todos, análogo ao estado da gota que encontra o oceano, foi timidamente explicado por Freud nas suas obras entre 1927 e 1929. Provocado por pessoas que haviam experimentado tal sensação, e que pediam uma explicação psicanalítica, Freud define o *samadhi*, amplamente conhecido e descrito na literatura milenar indiana, como a preservação e a manifestação do ego primitivo da infância, que ocorre antes do bebê diferenciar-se do seio, da mãe e das outras pessoas e coisas.

Enquanto o bebê se percebe uno com o objeto de satisfação de todas as suas necessidades; a mãe, que lhe nutre de alimento e afeto, além de lhe manter limpo e aquecido, ele realmente deve estar no céu, por acreditar que qualquer vontade ou necessidade sua será automaticamente resolvida. As técnicas de regressão e renascimento podem levar o sujeito ordinário a experimentar essa sensação, que realmente está próxima à sensação espiritual da não necessidade material, mas não são a mesma coisa. No estado meditativo de samadhi, o metabolismo desacelera consideravelmente, como se a consciência deixasse provisoriamente de habitar o corpo. A libertação, mesmo que momentânea, de toda e qualquer necessidade material, incluindo a de alimento e respiração, é a extensão de uma série de libertações prévias descritas nesse livro, e que servem naturalmente ao propósito de curar a depressão.

A paz vivenciada perante o vislumbre da total não-necessidade, nos proporciona sensação tipicamente espiritual e nos projeta ao que seria a tão temida passagem, o que os ocidentais chamam de morte. Esse vem a ser, frequentemente, o maior dos medos, que quando curado, promove automática e gradualmente a cura de todos os outros medos, inclusive o medo do futuro, o mais difundido medo do mundo moderno, chamado por nós de ansiedade. A partir dessa grande cura; etapa marcante do desenvolvimento psico-espiritual, quando nos encontrarmos numa situação ansiogênica, será natural o questionamento interno: "O que de pior pode acontecer?". Esse tipo de reação ansiolítica é um marco no gerenciamento das ansiedades do dia a dia, nos traz para o presente e nos permite relaxar para desfrutar os prazeres que a vida nos oferece a cada precioso minuto. Dessa forma, o equilíbrio da nossa *balança de prazeres e frustrações* acontecerá com absurda facilidade, afastando a tendência em tombar para o lado das frustrações, causar desequilíbrios neuroquímicos e configurar um transtorno depressivo.

GRATIDÃO

A Magali Mendes, professora ativista que muito me inspirou na adolescência; a Dirce e Gilberto Katayama, anjos que me permitiram lembrar para que vim; a Nelson Miguel Oliveira, sábio companheiro de muitas vidas; a Waldo Vieira, exemplo de lucidez e megafraternidade; a Stephen Paul Adler, autor das palavras certas nos momentos certos; a Deva Nishok, o cara que fez minha kundalini jorrar pela tampa da cabeça.

Aos ensinamentos de Sigmund Freud, Wilhelm Reich, Carl Rogers, Milton Erickson, Viktor Frankl, Prem Baba, Osho, Sri Sri Ravi Shankar, Patanjali, Eva Pierrakos, Helena Blavatsky e Richard Bach.

A Ludwig Van Beethoven pelo 1o movimento da Sonata ao Luar.

Às avós Pureza, Elvira e Eutímia.

www.ingramcontent.com/pod-product-compliance
Lightning Source LLC
Chambersburg PA
CBHW061359250726
48657CB00004B/1575